教育部人文社会科学研究青年基金项目（12YJC630037）

RESEARCH ON MULTI-ATTRIBUTE INTELLIGENT NEGOTIATION SYSTEM FOR E-COMMERCE

面向电子商务的多属性智能谈判系统研究

董绍斌◎著

经济管理出版社
ECONOMY & MANAGEMENT PUBLISHING HOUSE

图书在版编目（CIP）数据

面向电子商务的多属性智能谈判系统研究/董绍斌著. —北京：经济管理出版社，2015.5
ISBN 978-7-5096-3702-9

Ⅰ. ①面… Ⅱ. ①董… Ⅲ. ①商务谈判—智能系统—研究 Ⅳ. ①F715.4-39

中国版本图书馆 CIP 数据核字（2015）第 071522 号

组稿编辑：侯春霞
责任编辑：侯春霞
责任印制：司东翔
责任校对：赵天宇

出版发行：经济管理出版社
（北京市海淀区北蜂窝 8 号中雅大厦 A 座 11 层 100038）
网　址：www. E-mp. com. cn
电　话：（010）51915602
印　刷：北京京华虎彩印刷有限公司
经　销：新华书店
开　本：720mm×1000mm/16
印　张：11
字　数：143 千字
版　次：2015 年 5 月第 1 版　　2015 年 5 月第 1 次印刷
书　号：ISBN 978-7-5096-3702-9
定　价：49.00 元

前　言

随着信息技术的发展，电子商务也如火如荼地发展起来。电子商务双向的信息沟通、灵活的交易手段和快速的交货方式，将给社会带来巨大的经济效益。电子商务的目标是实现网上交易，在电子商务环境中，谈判主要是指在商业领域为了实现商品或服务的交易而进行的谈判。电子商务谈判，也叫电子谈判，主要研究智能谈判或是辅助参与电子商务活动的个人或企业通过网络进行谈判，是电子商务研究的热点问题之一，是电子商务活动至关重要的阶段，对电子商务的发展具有重大的实际意义。

电子商务谈判是一个复杂的问题。单属性价格电子谈判目前研究比较成熟，应用比较广泛，而多属性电子谈判问题的研究比较少，实际应用也非常少。与单属性谈判相比，多属性谈判要复杂得多，也更富有挑战性。在多属性谈判中，存在“双赢”情况。但是，现有的多属性智能谈判机制存在局限性。例如，谈判策略实施的时间复杂度高、难以获得 Pareto 解和实际应用难等；人工智能技术在智能谈判中的应用研究较少，还处在理论阶段；并发谈判协议存在偏向协商一方和容易导致违约失信的情况。因此，本书对电子商务多属性智能谈判系统展开了研究。

本书共六章。第一章，绪论。提出了本书研究的问题，阐述了国内外研究的现状，介绍了本书的结构。

第二章，提出了电子商务多属性智能谈判系统的框架。电子商务多属性智能谈判是一个复杂的问题，书中首先进行了电子商务智能谈判的机理分析，讨论了电子商务和谈判的含义，然后对商务谈判过程中传统的商务谈判和现存的电子商务谈判过程进行了分析。在此基础上，提出了电子商务多属性智能谈判框架，并对研究电子商务智能谈判的根本立足点做了详细介绍，为讨论电子商务智能谈判中的关键问题打下基础。

第三章，提出了基于偏好的智能谈判策略。谈判策略是参与者在符合谈判协议规定的前提下为了使自己的利益最大化而采取的决策机制。任何一种策略都要权衡既不错失获得利益的机会，又要让自己取得尽可能大的利益。本书在不完全信息下，根据拥有对方偏好（权重）信息的情形，相应地给出了基于偏好的智能谈判策略。该策略思路清晰明了，时间复杂性低，使双方能获得较高的满意度，并获得 Pareto 最优解。

第四章，提出了基于神经网络与案例推理的智能谈判模型。首先，本章对神经网络与案例推理技术进行分析；其次，根据神经网络的学习和逼近能力的特性，构建了基于神经网络的效用函数模型；再次，提出了基于神经网络与案例推理的智能谈判模型；最后，给出案例说明。

第五章，设计了多属性并发谈判协议。在分析了已有并发谈判研究成果的基础上，提出了一个多属性并发谈判协议。

第六章，设计了电子商务多属性智能谈判系统。本章主要进行了电子商务多属性智能谈判系统的设计。首先，针对智能谈判系统提出系统开发的技术路线，确定技术选型；其次，根据所选用的技术标准进行智能谈判系统各组成部分的详细设计，重点要设计 Agent 的内部功能结构；最后，以一个案例说明系统的主要功能。

目 录

第一章　绪　论

第一节　问题的提出

随着信息技术的发展，信息的处理传递速度突破了时间和地域的局限，网络化与全球化成为一种不可避免的世界趋势。由于网络用户的迅速膨胀，众多的商家和厂商也纷纷将眼光投向互联网，所以，从单纯完善发布信息、传递信息到网上创立信息中心，从借助传统贸易手段的不成熟的电子商务交易到能够在网上完成供、产、销全部业务流程的电子商务虚拟市场，从封闭的银行电子金融系统到开放式的网络电子银行，电子商务正如火如荼地发展起来。

电子商务是一个发展潜力巨大的市场，极具发展前景。电子商务双向的信息沟通、灵活的交易手段和快速的交货方式，将给社会带来巨大的经济效益，促进整个社会生产力的提高。

伴随着电子商务的发展、经济全球化浪潮和组织结构扁平化的趋势，谈判方式开始不仅局限在谈判桌上，而是逐渐出现了更多灵活的形式，电子谈判应运而生。正如任何商业活动一样，电子商务也离不开谈判。作为一种新兴的商务模式，电子商务正改变着商务市场上的营销战略、消费模式，也改变着经济增长方式和贸易体制。企业开展电子商务的目的在于利用互联网和其他网络技术，改造传统业务流程，最大限度地降低企业运营成本，提高企业运行效率和竞争力。而谈判作为一项业务，在实现电子化后，能够配合电子商务的高效率，处理复杂的、交易双方相互确定的协议或合同，可以帮助人们在全球任何地方更方便地完成商务过程。已有的电子商务谈判包括 E-mail、视频会议、电子拍卖等几种形式。eBay 网站就是典型的简单单方向讨价还价（即拍卖，Auction）的例子。在 eBay 中，拍卖方不断地出价，购买方只能接受或拒绝这个价格。

谈判是电子商务的重要组成部分，对它的研究从来没有间断过。从电子商务诞生开始，谈判就成为这一领域的研究热点。目前，国内外针对谈判系统提出了一些形式化的模型，如谈判支持系统模型、智能谈判系统模型等，为未来开展深入研究奠定了重要的基础。

尽管大量的谈判模型被提出，但是由于所处的环境、面临的对象和解决的问题不同，对于电子商务谈判还没有形成通用的模型和谈判机制。单属性价格电子谈判目前研究比较成熟，应用比较广泛，而多属性电子谈判问题的研究比较少，实际应用也非常少。与单属性谈判相比，多属性谈判要复杂得多，也更富有挑战性。在多属性谈判中，解空间是 n（n>1）维的，而在单属性谈判中，解空间是单维的，只是一个单维的直线。这使得多属性谈判中的谈判策略变得很复杂。因此，多属性谈判策略的计算和推理负担要比单属性谈判高得多。在多属性谈判中，存在“双赢”情况。多属性谈判既存在优点也存在难点，因此本书专门针对电子商务多属性智能谈判展开研究。

一、研究的背景

智能主体是一种智能的软件实体，能够在多主体系统中自治地运行、决策和交互，可以为用户提供各种智能的服务。智能主体和多主体系统统一，提供了一种很好的问题求解方式，体现在基于智能主体的系统具有用传统方法难以获得的许多优点。主体提供了一种远程智能程序设计的方法。多主体系统放松了对集中式、规划、顺序控制的限制，提供了分散控制、应急和并行处理，并且多主体系统可以降低软件或硬件的费用，提供更快速的问题求解。本书主要利用主体和多主体系统的理论和技术来研究电子商务中的谈判问题。

谈判是电子商务的重要组成部分，目前，国内外针对谈判系统提出了一些形式化的模型，如谈判支持系统模型、智能谈判系统模型等。这些工作均对特定条件下的谈判策略等问题进行了有益的探讨，但是，由于在大多数现实情况下都难以满足所要求的条件，因此，相对于实用性来说，它们的理论意义更加突出一些，为未来开展深入研究奠定了重要的基础。单属性价格电子谈判目前研究比较成熟，应用比较广泛，而多属性电子谈判问题的研究比较少，实际应用也非常少。与单属性谈判相比，多属性谈判要复杂得多，也更富有挑战性。在多属性谈判中，存在“双赢”情况。但是，现有的多属性智能谈判机制存在局限性。例如，谈判策略实施的时间复杂度高、难以获得 Pareto 解和实际应用难等；人工智能技术在智能谈判中的应用研究较少，还处在理论阶段；并发谈判协议存在偏向谈判一方和容易导致违约失信的情况。因此，需要对这些问题展开进一步研究。

二、研究目的和意义

研究目的：本书主要针对电子商务的多属性智能谈判系统机制进行研究，即研究智能谈判协议和谈判策略，以对电子商务中出现的冲突进行智能谈判求解。本书面向复杂不确定的电子商务环境，提出多属性智能谈判系统的框架，以此为基础给出不完全信息下基于偏好的、简明有效的智能谈判策略。在不完全信息条件下，使用案例推理和神经网络人工智能技术，并结合这两种技术各自的优点，建立谈判模型。当谈判一方为了达成一个协议需要与多方进行谈判时，并发谈判问题就产生了。并发谈判具有时间效率和鲁棒性，因此许多研究者对并发谈判产生了兴趣。但是，首先，大多数现存的并发谈判协议没有解决发生在多对多谈判中的谈判一致性和违约风险这样的问题。其次，多数协议没有解决多属性谈判和偏好未知的竞争性情景问题。最后，多数基于合同网变化的模型没有解决并发谈判过程中存在的问题。因此，本书希望提出协议解决这个问题。

研究意义：本书具有广泛的应用前景，对不完全信息、竞争环境下的多属性智能谈判商务业务具有理论指导和参考借鉴作用。所提出的不完全信息下基于偏好的智能谈判策略思路清晰明了，时间复杂性低，使双方能获得较高的满意度和 Pareto 最优解，并且该策略也便于实施。谈判作为一项业务，在实现电子化后，能够配合电子商务的高效率，处理复杂的、交易双方相互确定的协议或合同，可以帮助人们在全球任何地方更方便地完成商务过程。

本书所设计的基于神经网络和案例推理的谈判模型能够更好地使用人类传统的成功谈判经验。人类传统的成功谈判经验是电子智能谈判的宝贵学习资源，使智能谈判模型能够学习过去的谈判经验，并运用推理对新的谈判策略给予合理选择。本书提出的基于神经网络与案例推理的谈判模型，将以前的经验策略应用在当前谈判中，实现了动态可调整实例谈判策略，可以对谈判的决策过程进行动态控制。

此外，本书对多属性并发谈判机制进行了研究，提出了新的并发谈判协议，发挥了并发谈判的优势。以往的并发协议存在以下问题：①大多数现存的并发谈判协议没有解决发生在多对多谈判中的谈判一致性和违约风险这样的问题。②多数协议没有解决多属性谈判和偏好未知的竞争性情景问题。③多数基于合同网变化的模型没有解决并发谈判过程存在的问题。本书提出的协议具有如下特点：①它能使买方和卖方同时参与几个谈判过程。②它给出的谈判过程避免了现存的一对多谈判中偏向参与谈判的某一方的情况。③它提出的谈判算法减少了谈判双方发生违约情况的数目。④它改进了谈判效率和鲁棒性。

第二节 国内外研究现状

由于本书研究的是电子商务领域中的智能谈判问题，因此在对相关文献进行参阅和整理时，本书循着从经典谈判理论到 MAS 中的智能谈判，再到电子商务中的 Agent 谈判的轨迹进行。下面首先来看经典谈判理论的研究进展情况。

一、经典谈判理论研究现状

事实上，在商务活动中不同实体在各自追求的目标之间虽然存在争议与冲突，但也存在对其各自追求的目标均有利的结局，它们能够通过一定方式，共同努力达到这种结局。谈判是解决矛盾、争议或冲突的根本之道。经典谈判理论正是基于这个事实发展起来的。1944年，Von Neumann 和 Morgenstern 提出“期望效用理论”，使谈判问题得以用效用函数描述个体偏好，从而可被抽象为两个或两个以上理性局中人的博弈，于是，博弈理论家和经济学家成为经典谈判理论发展的主要推动者。因此，谈判理论差不多是伴随着博弈理论的发展轨迹而不断向前迈进的。

1. 公理化方法的研究现状

研究讨价还价问题存在两种基本方法，包括公理化方法和策略方法。公理化方法的研究有两种不同倾向，分别以 Nash 和 Harsanyi 为代表。前者对讨价还价问题解的概念、属性等进行公理化，它有着更形象化和数学化的形式；后者对理性行为的各个侧面公理化，从而更易于反映解的理性行为特征。在采用公理化方法的谈判问题研究中，若干不同公理系统下的解概念被相继提出，其中最早且最为著名的是 Nash 解。

（1）Nash 解。Nash 把谈判问题形式化为 F：B—>Rn，其中 B = {(S，c)} 为谈判问题族，S 为一切可能的结局的集合，集合的每个元素均为 n 维向量（n 为局中人的个数），代表相应序号局中人的效用水平；c 也是 n 维向量，表示冲突结局下对应局中人的效用水平，对每个（S，c）∈B，有 F（S，c）为 S 中的元素，F 为谈判问题族 B 的解，F（S，c）为特定谈判问题（S，c）的解。这种形式解概念并没有给出解的特征和性质，更没有具体的形式。因此，若不考虑 F 的具体特征，确定 F 实际是一个有很大自由性的选择问题，可以有无穷多种方式。寻找一组 F 满足的特征使 F 有确定性是学者们一直关注的问题，这些使 F 具有确定形式的特征常被公理化。它们实际上是使谈判问题有确定结局规则的一般陈述，是局中人理性行为在各个侧面的反映。

Nash 首先找到了一组使 F 具有确定性的公理系统，即当 F 满足如下四个性质：等价效用表示无关性、对称性、无关选择的独立性和 Pareto 最优性，则 F 具有唯一确定形式且为 Nash 乘积的极大点。

随后提出的其他公理系统，大多围绕 Nash 公理系统的不足加以改进或补充。需要指出的是，Harsanyi 用理性行为公理化的方法得到了与 Nash 相同的结果，这个“强理性假定”公理系统从更深层次解释了局中人谈判状态下的理性行为。

（2）比例解。等价效用表示无关性使得局中人之间不能比较效用，针对这一点，Raiffa 提出了局中人在不同结局上得到的净收益与其他人相应量成比例变化的比例解。Kalai 和 Roth 详细研究了这种解的性质，并将其转化成多目标问题求解。如果形式解 F 满足强个体理性、无关选择独立性、公度变换的无关性、个体单调性和连续性，那么它就是比例解。

Kalai-Smorodinsky 解是一种特殊形式的比例解，它要求局中人的净效益比例因子为其最大要求效用与冲突点效用之差。由于相互比例因子的特殊形式，使得等价效用表示无关性和公度变换无关性对这种解的作用等价。Kalai-Smorodinsky 解是满足强 Pareto 最优性、对称性、等价效用表示无关性和个体单调性的唯一解。Livne 给出了这种解满足的其他公理系统，他还给出了 Raiffa 解满足的两套公理系统。

（3）Roth 解。由于在比较效用时，通常并不需要像比例解那样讨论不同局中人净效益的等量比例，因而 Roth 给出了更宽比较意义下的解概念。Roth 解是由满足强个体理性、强 Pareto 最优性、无关选择独立性和保持人际间比较变换独立性的公理系统唯一确定的。这种具有保持人际间比较变换独立性的解概念，从局中人对更大效用的敏感性方面揭示了局中人的理性行为。

以上几种解概念有一个共同的特点，即它们从各个侧面描述了冲突点给定的情况下，解对结局空间变化的性质。鉴于冲突点的特殊作用，有学者尝试用冲突点公理化的方法研究谈判问题。Crawford 从 Schellign 理论出发，较深刻地研究了局中人对冲突达不成协议的结局与其最终得到的收益的关系。Chun-Thomson 用这种方法给出了加权 Egalitarian 解满足的公理系统。关于结局空间的公理系统与冲突点公理系统之间可能存在某种意义下的对偶性，这种对偶性能揭示两种公理化方法之间的内在联系。

上述所有公理化方法均以冲突点作为谈判起点，而在很多实际问题中，可能存在明显符合公平性且容易达成共识的结局，谈判更应该以这些优于冲突结局，但非 Pareto 最优的参考结局点作为起点，向 Pareto 前沿逐步改善。基于该思想，Raiffa 提出单谈判文本（Single Negotiation Text，SNT），Gupta 参考谈判模型给出了该思想更一般的模型描述，并将 Kalai-Smorodinsky 谈判解的公理系统向参考点谈判问题做了适当推广，得到参考点谈判模型族上唯一满足这一公理系统的解函数 F。

在对谈判理论方法的介绍中，本书并没有对局中人的信息结构做特别说明，因为对谈判问题的讨论，无论是公理化方法还是策略方法，都是先从完全信息假设的研究开始，然后到单边不完全信息，再到双边不完全信息。

经典谈判理论的公理化方法都是以完全信息假设作为前提的，在 1967 年以前，博弈论专家一直认为不完全信息博弈是无法分析的，直到 Harsanyi 转换的提出，才使得不完全信息博弈可以被转换成完全但不完美信息博弈，从而可以使用标准的分析技术进行分析。Harsanyi 定义了贝叶斯 Nash 均衡的概念，并分析了其特性。Myerson 也研究了局中人相互不了解对方偏好信息的谈判问题，他将其描述成一个仲裁模型，并利用 Huwicz 提出的激励相容性概念设计了一种激励相容选择机制，以使局中人把其真实偏好告诉仲裁人。Myerson 找到了使推广的 Nash 乘积极大的唯一激励相容选择机制，并把它对应的结局称为激励谈判解，只是这种解不能任意选择效用函数的度量单位。Myerson 的工作已成为用公理化方法研究不完全信息谈判问题的典范。

2. 策略方法的研究现状

策略方法是谈判理论的另一种研究方法，主要用于研究无仲裁的谈判过程，即讨价还价。Zeuthen 最早提出了使用策略方法的重要模型和原理，即所谓 Zeuthen 原理，他利用能够反映局中人愿意面对冲突而不肯让步的极限状态（风险极限）的量，给出讨价还价过程中局中人的让步原则。Harsanyi 最先发现 Zeuthen 原理与 Nash 解的联系，并证明了二者之间的等价性。后有学者通过引入多边风险极限，把 Zeuthen 原理用于多人谈判问题。

Nash 认识到公理化方法不能通过交替的讨价还价过程达到 Nash 解，他把讨价还价描述成多阶段非合作博弈，提出“光滑”收益函数的方法，并证明平衡点有唯一极限，并把该极限作为讨价还价的结局。

Luce-Raiffa 证明了该极限与 Nash 解相同。Nash 采用的这种“光滑”收益函数的方法只是完全在数学形式上考虑问题，但怎样用这种极限平衡点描述局中人的行为特征是很不清楚的。尽管如此，Rubinstein、Kreps、Wilson 等还是沿着这条思路发展了策略方法。

Rubinstein 以分饼问题为例，在 Stalh 有限期讨价还价问题的基础上，研究了无限期讨价还价问题。由于此时的讨价还价变为多阶段非合作博弈问题，Nash 均衡的多重性以及局中人策略选择的无关性，使得 Nash 均衡难以成为局中人理性行为的合理解释。应用 Selten 提出的子博弈精炼 Nash 均衡的概念，Rubinstein 证明了无限期交替出价模型具有唯一的子博弈精炼 Nash 均衡，且均衡结果是局中人贴现因子（耐心程度）的函数。子博弈精炼 Nash 均衡是对 Nash 均衡概念的第一个重要改进，它不仅是整个博弈的 Nash 均衡，而且也是任何子博弈的 Nash 均衡，这就把“不合理的 Nash 均衡”与“合理的 Nash 均衡”区分开来，从而有助于确定博弈的唯一结局。

策略方法研究的讨价还价过程是以局中人不能相互通信为特征的，这自然带来了不完全信息问题，此时，局中人对信息掌握的对称与否也成为众多学者关注的问题。由于此时公理化方法所采用的贝叶斯 Nash 均衡概念不再适用，因而代之以“精炼贝叶斯 Nash 均衡”的概念，它是子博弈精炼 Nash 均衡的与贝叶斯 Nash 均衡概念的结合。Fudenberg 和 Tirole 给出了精炼贝叶斯 Nash 均衡的正式定义。当然，还有比精炼贝叶斯 Nash 均衡更精炼的均衡概念，如 Selten 定义的“颤抖手均衡”、Kreps 和 Wilson 定义的“序贯均衡”。实际上，在很多情况下，三种均衡概念是一致的。应用这些均衡概念研究讨价还价的文献有很多，如 Rubinstein 以“序贯均衡”的概念研究局中人对时间偏好信息单边不完全条件下的讨价还价问题，通过对偏离均衡路径的信念施加某些理性限制，从而能得到唯一的纯策略序贯均衡。另外，Ausubel 与 Deneckere，Fudenberg、Levine 与 Tirole 等研究了单边不完全信息单方出价谈判问题，Grossman、Perry、Admati、Bikhchandani、Cramton 等对单边不完全信息下交替出价谈判问题做了深入的研究。

由于讨价还价是一个多阶段的过程，所以在很多情况下，还需考虑时间因素的影响。从反映局中人耐心程度的贴现因子，到允许局中人延迟出价，再到对局中人讨价还价的截止时间（Deadline）限制，各种时间因素的引入是必然趋势，同时也反映了谈判理论研究的不断进步。

在无限期讨价还价模型中，随着时间推移逐渐缩小就是贴现因子在起作用，此时子博弈精炼均衡结果是局中人贴现因子的函数是 Rubinstein 的重要结论。Admati 和 Perry 首先考虑了局中人讨价与还价之间的间隔时间不固定的情况，即允许局中人延迟出价，他们证明当卖方的保留出价已知，买方有两种可能类型，即使讨价与还价的最小间隔时间减小至零，仍会存在一个序贯均衡，其中局中人以正的概率延迟出价。Cramton 在他们工作的基础上，研究了双边不确定信息下的延迟出价模型，并构造出一种均衡，其中局中人通过延迟出价试图表明自己处于优势地位，高收益期望的局中人比低期望的局中人更缺乏耐心，因此更容易让步和妥协。只要存在成交的可能，那么交易就一定能够成功，但由于私有信息的存在，延迟出价的交易十分耗时。

近些年来，截止时间（Deadline）因素对讨价还价的影响也是学者们很关注的问题，研究者不仅从理论上分析局中人的均衡策略和结果，同时还采用实验的方法来检验理论结果与实际情况的差距，以及产生这些差距的原因。目前存在两种不同类型的对截止时间限制的研究：一种情况是两个局中人受相同截止时间的限制，且该信息为共同知识；另一种情况则是每个局中人的截止时间为私有信息。

对于第一种情况的截止时间，Roth 首先通过实验的方法探讨了截止时间对讨价还价结果的影响，他发现在讨价还价的结果中，双方在时间就要截止时达成共识的现象远比其他现象更常见，这个结果与现实中很多现象吻合，如多数民事案件总在接近庭审时间或庭审当天得以解决。最后通牒博弈模型（Ultimatum Game，UG）是这种研究常采用的谈判模型。UG 模型描述的是两个局中人的分钱问题，如现有 200 元，其中一个局中人（Proposer）提出分配方案，另一个局中人（Responder）选择接受或拒绝，如果接受，则按所提方案分配，否则双方支付均为零，这有点类似于单方出价的交替出价模型，不同的是 UG 模型仅进行一轮。理论上可以证明，如果局中人仅关心自己的支付，那么均衡结果是 Proposer 获得几乎全部的份额，而 Responder 仅获得非常少的份额，不过，这个结果在现实中却很难立足，大量的实验结果表明，Responder 能获得接近一半的份额。

Gneezy 提出所谓的 RUG 模型（Reverse Ultimatum Game，RUG），它实际上是完全信息下单方出价的讨价还价模型。此时 Proposer 的方案不再是对 Responder 的最后通牒，相反，Responder 可以通过选择拒绝来要求 Proposer 提出更好的方案。Gneezy 分别研究了存在截止时间和不存在截止时间的条件下，单个 Responder 和两个 Responder 的讨价还价情况。研究结果表明，当加上截止时间的限制时，Proposer 会推迟提出分配方案，直到时间将要截止。另外，像很多以前的讨价还价实验研究一样，理论上的均衡预测与实验结果大相径庭。无论是否存在时间限制，局中人多以近似平均分配的方式达成一致，而且在两个 Responder 的情况下，Proposer 会获得多一些的份额，这一点也与理论预测相背离，因为从理论上来说，无论是否存在截止时间，增加一个 Responder 不会对 Proposer 的支付造成影响。关于双方达成一致的时间点问题，尽管实验数据对理论预测有一定的支持作用，但远没有像理论上预测的那样以极端的方式出现。

Sutter 等同样采用实验方法对 UG 模型下的时间因素进行了研究，他们主要讨论了时间压力对局中人行为的影响。当具有严格的时间限制时，对那些低于平均分配的方案，约 60%的 Responder 选择了拒绝；

而在没有时间限制的情况下，仅有20%选择拒绝，而且所拒绝的方案均低于20%的份额。Mosterd等的工作也曾提供了一些证据，表明时间压力会减少谈判成功的机会。Sutter指出，较高的拒绝率并非由于Responder缺少时间而随意地选择接受或拒绝，而是由于在时间的压力下，直觉让Responder转向一个具有报复性的决策，在没有时间压力的条件下，Responder有足够的时间做出较理性的选择。一些心理学上的研究也支持了Sutter的上述观点，即面对一些问题时，时间压力会对人处理信息的能力产生负面影响。

以上介绍的内容均从理论和实验两个方面探讨讨价还价问题，并反映出理论预测与现实情况的脱离。由于排除了对某些心理因素（如局中人的公平性要求、直觉等）的考虑，目前的理论模型还不能十分恰当地解释现实条件下的讨价还价问题。

二、多Agent环境下的智能谈判研究状况

智能谈判问题源于人工智能的分布式问题求解和多Agent系统，目的是解决自治Agent之间的任务或资源的分配。随着电子商务的蓬勃发展，智能谈判成为该领域的研究热点。

在多Agent环境下，自治、自私的Agent需要交互以实现各自的目标。交互存在多种类型，不同形式的交互适用于不同环境或应用领域。根据Walton和Krabbe的定义，谈判是多个Agent间交互的一种形式，这些Agent有意图合作，但也有潜在的利益冲突，它们共同寻找彼此均能接受的对某些稀缺资源（可能是相关Agent的空闲时间或服务）的分配方式。为了智能化这个谈判过程，学者、专家提出并研究了大量的交互和决策机制，总的来说，分为三种：基于博弈理论（Game-Theoretic Approach）的机制、基于启发式方法的（Heuristic-Based Methods）的机制，还有基于论据（Argumentation-Based）的机制。下面分别予以阐述。

1. 基于博弈理论的机制

博弈理论研究谈判和谈判问题远早于多 Agent 系统作为一门学科的出现，事实上，它甚至早于第一台电子计算机的诞生。在多 Agent 系统中，自治、自私的 Agent 成为谈判的主体，对这种特殊实体之间的谈判，博弈理论可以在两个重要问题上提供有力支持：一是 Agent 智能谈判的协议设计，主要是应用机制设计理论，制定 Agent 之间谈判行为的规范和准则；二是 Agent 谈判决策模型的设计，也就是为 Agent 采用的谈判策略提供理论依据，这里的主要问题在于，理论上的最优策略往往与实践中的情况相脱节。

Rosenchein 和 Zlotkin 指出，谈判协议应具备以下几个重要性质：①高效性（Efficiency）：谈判结果应是 Pareto 最优；②稳定性（Stability）：协议中不应存在让 Agent 改变既定策略的因素；③简便性（Simplicity）：尽可能少地计算消耗及通信代价；④分布性（Distribution）：不应存在中央集权的决策者（一个潜在的失效点）；⑤对称性（Symmetry）：对于参与谈判的各个 Agent，协议都同等对待。Sandholm 在此基础上，又增加了个体理性及成功保证两种要求。而 Winoto 则特别针对电子商务领域的开放电子市场，提出协议还应具有激励交易者参与其中的吸引力。

Smith 提出的合同网协议（Contract Net Protocol，CNP）是一种基于市场机制中拍卖和招投标思想的交互协议，FIPA 组织已将其作为 Agent 之间任务及资源分配的交互规范。许多致力于改善其灵活性、适应性及扩展其更好性能的研究者及 FIPA 组织本身，对 CNP 提出了多种形式的改进方案，如最初的 CNP 是为完全合作的 Agent 交互而设计的，也就是说，所有的 Agent 都是非自私的，它们为完成共同的目标而相互合作，Sandholm 等为此提出一个形式化模型，该模型通过定价机制使得 CNP 既适用于合作型 Agent，同时也适用于相互竞争的 Agent 之间的交互。通过把研究的重点集中在智能谈判系统中自私 Agent 的问题上，他们把原有的 CNP 扩展为分级承诺合同网协议（Leveled Commitment Contract Net），它的特点在于，当自私 Agent 发现存在一个更加有利可图的任务时，协议允许它通过支付罚金来终止当前任务的执行，再去接受那个利益更丰厚的任务。Inverno 和 Luck、Werner，以及 Fisher 和 Wooldridge 等为 CNP 的形式化问题做出了很多努力。

确认合同网协议（Contract Net with Confirmation Protocol，CNCP）是由 Knabe 等提出的，主要针对 CNP 中一个潜在资源利用率的问题给出了较为合理的解决方案，使 Agent 可以连续地参与任务竞标或接受任务指派，不过这种方案却也增加了任务被低效执行或根本得不到执行的风险。研究者针对 CNCP 的不足，通过增加阈值和可用度的机制尽可能地降低这种风险，其阈值的原理在于，无论一个 Agent 同时参与多少任务的竞标，最终它能同时执行的任务数量是有限的，通过设定合适的竞标阈值，可减少很多不必要的计算，如标书的生成与评价等。可用度的思想基于期望效用理论，Agent 在评价某个竞标者的标书时，除了考虑其要求的回报等因素外，还将其当前的可用情况考虑进来。

FIPA 组织本身也在对 CNP 不断加以完善，如在交互过程中增加“拒绝”和“确认”两种通信行为，最新版本的扩展是 FIPA 迭代式 CNP（FIPA Iterated CNP，ICNP），它允许 Agent 在进行任务招标时，进行多轮磋商，并且每轮都剔除一部分较差的竞标者。

密歇根大学的 Wurman 等实现了一个能为个人和软件 Agent 提供网上拍卖服务的服务器，称为 Michigan Internet Auction Bot，它支持几乎所有形式的拍卖机制，如 English 拍卖、Dutch 拍卖、FPSB 拍卖（First-Price Sealed-Bid，FPSB）、Vickrey 拍卖、双边拍卖（Double-Sided Auction）等。类似的工作还有卡内基·梅隆大学的 Sandholm 提出的 eMediator，它是一个提供电子商务相关服务的原型系统，由三个主要构件组成：eAuctionHouse、eCommitter 和 eExchangeHouse。eAuctionHouse 与 AuctionBot 类似，但增加了对组合式拍卖的支持，允许用户选择拍卖类型，通过价格与数量图形，利用移动 Agents（MobileAgents）竞价。eCommitter 是基于前述的分级承诺合同网的优化器，用于帮助 Agent 寻找最优的分级承诺合同或者计算某给定合同的 Nash 均衡。为保证交易合同的安全实施，eMediatior 让买卖双方以分批方式交替地支付、发货，从而保证交易的最终完成。eExchangeHouse 提供了买卖双方分批支付、发货的规划器，帮助计算和规划交易实施的步骤。

拍卖机制结构简单，易于实现，且从理论上说，参与人最优策略是使用自己的保留出价竞价。根据大量有关智能谈判的文献，可以说，拍卖机制是最常用的一种智能谈判方式，之所以如此，是因为这在很大程度上有赖于博弈论及机制设计理论的研究成果。然而，尽管得益于博弈论带来的诸多便利，但在智能谈判中应用博弈论的相关理论成果仍存在许多问题，如博弈论中假设可以给出 Agent 关于所有可能结果的偏好，而在实际情况下，几乎不可能给出参与人对可能结果的一致性的偏好信息，而博弈论完美理性假设也是与现实生活明显不相匹配的一个方面，尽管它可能便于设计、预测或证明一个系统的某些性质，但是在现实世界里，这个假设却往往并不适用。鉴于此，众多学者采用了基于启发式方法的机制来研究智能谈判。

2. 基于启发式方法的机制

启发式方法的突出特点是寻找问题的可行解而非最优解，速度是它的最大优势。启发式方法采用的模型大多基于更现实化的假设，不像博弈论中高度受限的理性模型，Agent 的设计者可以使用较宽松的理性模型建立不同的 Agent 构架。前面基于博弈理论的智能谈判多采用拍卖机制，而启发式方法使用的谈判机制则类似于讨价还价过程，即一方提出合同提议（Proposal），另一方决定接受与否，若不接受，它可提出自己的反提议（Counter Proposal）或终止谈判过程。通过这样的交替过程，谈判者共同寻找双方都可以接受的合同建议。启发式方法的应用主要体现为 Agent 在谈判期间的决策过程，如 Jennings 等设计的一组称为 Deliberation Mechanisms 的机制，这组机制被分为两类：响应式（Responsive）和谈判式（Deliberative）。响应式决策机制基于简单函数的线性组合，对各种可能合同的效用进行处理。谈判式决策机制被细分为平衡机制（Trade-Off Mechanism）和议题操控机制（Issue Manipulation Mechanism），平衡机制根据实际值而非期望效用来生成更具吸引力的建议，这不需要向对手提供更多信息，而是让自己的新建议更接近于对手上次的提议。议题操控机制是通过增加或剔除某些议题来提高成功谈判的可能性。该机制会动态改变谈判问题的结构，如当谈判进入死锁时，可以增加新的谈判议题，或剔除某些阻碍谈判进程的议题，从而使解空间改变。

Peyman 等针对面向服务的 Agent 谈判（即 Agent 为得到其他 Agent 的服务而进行的谈判），为自治 Agent 的决策函数提出一个形式化推理模型，并将 Agent 谈判策略划分为三类，分别是时间依赖策略、资源依赖策略及模仿对手策略。根据这些策略，他们定义了一套推理组件，用于决定 Agent 的初始提议（Initial Offer）、评估对手的提议、计算并产生反提议（Counter Offer）等。在随机产生的多种谈判环境下，让 Agent 分别采用不同策略进行谈判，并分析各种策略适用的环境。

3. 基于论据的机制

可以说，基于论据的智能谈判是比前述工作更复杂、更接近现实的谈判过程，因为谈判者在谈判过程中不仅交换各自的提议，而且还会附带与提议相关的论据，也就是解释提议产生的原因，或者提议不被接受的理由等具有劝导性的信息。显然，提供论据的目的在于试图改变对手的信念及偏好。

卡内基·梅隆大学 Sycara 等首先在劳资谈判问题中引入了通过论据劝导、改变 Agent 偏好及信念的思想，Persuader 是他们在此思想基础上建立的劳资冲突消解系统，系统中除了代表工会和企业的 Agent 以外，还包括一个充当冲突调停者的仲裁 Agent，它同时与工会 Agent 和企业 Agent 进行谈判，向双方提交解决问题的提议及产生提议的依据，经过多回合谈判，逐渐使双方目标的差距缩小，促使双方达成共识。Persuader 在并行工程领域中也得到了应用。Kraus 等对基于论据谈判的思想进行了推广并加以形式化，提出论据谈判过程的逻辑模型，给出 Agent 用于产生和评价论据的一组公理。在上述工作基础上，实现了具有智能谈判能力的 Agent，开发出适用于博弈外交（Game Diplomacy）领域的 Diplomat 系统。

Sierra 等为基于论据的谈判提出了一个框架，并讨论了关于交换提议和论据的简单协议，它通过语内表现行为的行动（Illocutionary Moves）传递论据，把这个行动作为从谈判协议转入论据交换协议的标志，提出并讨论了一个用于论据交换的协议。Parsons 和 Jennings 采用基于逻辑的论据谈判机制作为解决无效推理（Defeasible Reasoning）的一种方法，使 Agent 能够处理相互矛盾的声明，从而解决由此产生的争论。在 Agent 中使用基于论据的机制意味着处理更复杂的 Agent 心智与态度、Agent 之间的沟通，以及将论据机制整合到一个更复杂的 Agent 构架之中。Parsons 等针对这些问题做了较深入的探讨，阐述了如何为基于 BDI（Beliefs，Desires and Intentions，BDI）模型的 Agent 建立标准论据模型，如何利用 Multi-Context 系统 7 的方法将论据机制整合到 BDI 构架，在这一点上，Sabater 等介绍了更进一步的工作，其中实现了让 Agent 通过论据谈判来制订联合行动计划。

尽管目前对基于论据谈判的研究取得了不少成果，然而，在复杂多变的谈判环境下，对于不同类型的 Agent 应选用怎样的论据来劝服对手？对于像论据的产生、选择，论据可信度的判断等复杂的决策问题，仍然缺少具有更高实用性的推理模型，对这些问题的深入研究都是十分具有挑战性的课题。

三、电子商务中的智能谈判状况

电子商务发展到今天，给人类经济生活带来的影响早已不再局限于简捷高效的无纸化交易，而电子商务智能化已经成为这种商务形式生存下去的必由之路。软件 Agent 在电子商务中的最初应用主要是为用户提供商品供求信息的采集与比较等服务，这方面最早的研究始于南加利福尼亚大学 1987 年的 FAST 项目，而最为著名的则是 Bargain-Finder 和 Firefly。随着更先进的 Agent 及 MAS 技术在电子商务中越来越多的应用，智能电子商务系统中的 Agent 智能谈判问题自然也就成了十分重要的研究课题。

根据电子商务领域中大量有关谈判问题的文献，从整体上来说，以往的研究工作可归为两大类，首先是对谈判支持系统（Negotiation Support System，NSS）的研究，主要是面向 B to B 形式下的复杂谈判过程，谈判各方的主体是自然人；其次是具有谈判能力的软件 Agent 研究，它又可划为两个子类：一类是能够与自然人谈判的软件 Agent 研究，主要面向 B to C 商务环境下商家利用软件 Agent 处理与客户之间某些相对简单的谈判活动，谈判发生在人与软件 Agent 之间；另一类则是重点研究 Agent 之间发生的谈判活动，主要针对虚拟电子市场中产生的各种谈判需求，为多种形式（B to B、B to C 及 C to C 等）的商务环境提供更加全面的谈判支持。由于整个电子市场本身就是一个复杂而特殊的 MAS 系统，因此其中不仅存在系统运作产生的 Agent 谈判问题，同时还包括由 Agent 代替人而进行的某些贸易磋商，如商品拍卖、谈判、讨价还价等。当然，这些工作无不以前面所介绍的谈判理论为基础，只是侧重点更加倾向于系统的实用性和应用价值，同时还通过实践的结果对理论研究的结论加以支持或反驳。

1. 谈判支持系统研究

在早期的电子商务应用中，商品或服务的价格等信息被预先设定，对于交易涉及的谈判问题并不提供支持。随着越来越复杂的电子商务应用不断涌现，让交易者以电子化的方式进行谈判成为促进经贸合作的强有力手段。另外，电子商务全球化使得跨地域的商务谈判活动更加频繁，对于为远程商务谈判提供通信及决策支持的要求变得日趋迫切，由此展开了面向电子商务的谈判支持系统的研究与开发。

谈判支持系统的研究目的为：使分布式远程网上谈判成为可能；使谈判人可以利用网络进行各种方式的交互，实现方案协调、信息交换和文件共享，最终达成谈判协议；集成各种谈判模型和工具，在提供网上谈判过程支持的同时，能根据需要为谈判者提供多种辅助决策和分析的支持。

谈判支持系统的研究有两种倾向：一种是谈判解驱动的 NSS，主要基于完整的数学模型，通过模型求解来完成比较复杂的计算和定量分析过程，为谈判人提供建议解和方案支持。但是由于仅限于单一的谈判评价方案，所以只能对谈判过程中的某些问题提供静态分析，不能对复杂项目提供动态分析和全面的过程支持。典型代表是加拿大 Carleton 大学开发的 INSS（Internet NSS，INSS），另外，还有 Computer Decision Tree Model、Decision Maker 等。

谈判支持系统研究的另一种倾向是对谈判过程提供支持的 NSS 主要是基于逻辑规则，利用网络、人工智能及专家系统等技术，为谈判的某一过程或各个过程提供主动支持。不过由于缺乏谈判模型和软件工具，它仅能处理谈判中一些事务性的工作，缺乏对谈判决策本身的支持。这方面具有代表性的工作是 Negoplan 及加拿大 McMaster 大学开发的集体谈判支持系统（Web-based Collective Bargaining Support System）。一些其他的 NSS 还包括 Rune、Persuader、Inspire 等。

谈判支持系统主要面向网络和计算机技术支持下的人际谈判问题，尤其适用于 B to B 模式中较复杂的商务谈判过程。应该说，它是实现人机谈判及机器智能谈判进程的第一步。

2. 具有谈判能力的软件 Agent 研究

软件 Agent 的谈判能力体现在它作为谈判主体，能够与人或其他软件 Agent 就某个共同关心的问题进行谈判。电子商务中，Agent 谈判与 DAI 研究的谈判不尽相同，因为 DAI 系统中，Agent 会自主地发现并通过谈判来解决问题，而电子商务中考虑更多的则是人本身产生谈判的要求，而由 Agent 代替人来完成谈判活动。从本质上来说，它与谈判支持系统一样是对人际谈判提供智能化支持，所不同的是，谈判支持系统仅为谈判提供通信及决策支持，人仍然是谈判问题的最终决策者，而由 Agent 代替人进行的谈判活动中，Agent 则被赋予了最终决策的权力。电子商务中具有谈判能力的软件 Agent 研究主要分为如下两个方面：

（1）人机谈判——软件 Agent 与人之间的谈判。前面提到 NSS 为 B to B 形式的复杂商务谈判过程提供通信及决策支持，而对于 B to C 交易来说，谈判问题相对简单，通常主要关心价格问题，销售商在其所提供的商品或服务价格方面，往往存在一定的弹性，可以与消费者就价格等问题进行磋商。

在 20 世纪 90 年代中后期，在线分销（e-Distribution）是电子商务的主要模式，可以说它是企业内部流程与外部交易整合的初级阶段，是传统商业模式的电子化。销售商在网上提供产品销售目录，消费者通过网络在线查询产品目录、订购所需要的商品。这种以网络为基础的分销形式对于加速商品流通、减少中间环节、提高运作效率、降低运营成本效果显著，但不足的是，由于未提供对双方谈判活动的支持，在其应有的灵活性方面有所欠缺。

另外，就目前在线商店的情况来说，大多数的商品价格由商家预先设定，采用“一口价”（Take It or Leave It）方式交易，这一点与现实生活中大型商场或超市的运作模式完全相同，消费者根本没有议价机会，只能选择接受或放弃交易。在二手交易市场中，有些采用拍卖方式的交易让消费者有了议价的可能，然而，大多数交易的成交价格往往还是通过网下面对面的磋商决定的。

鉴于上述情况，逐渐有研究者开始考虑使用软件 Agent 代替商家与消费者谈判价格。为消费者提供议价机会可以吸引更多消费者的光顾，而议价本身也增加了商家与消费者成交的机会。同时，在线讨价还价的娱乐性也较容易使消费者成为“回头客”。事实上，根据 Kahneman 和 Tversky 的期望理论（Prospect Theory），除了价格的降低以外，也许还存在其他因素驱动消费者的讨价还价行为。Darke 和 Freedman 的一系列工作也表明，即使购物者在讨价还价中并没获得直接的、显著的收益，但这个过程仍能给他们带来某种程度的满足感。

Liang 和 Doong 用实验的方法研究了讨价还价在电子商务中发挥的作用。通过为在线商店提供自动与顾客讨价还价的软件 Agent，来考察顾客购物满意度、讨价还价收益及讨价还价周期。他们让参与实验的顾客在指定的几个在线商店购买某些特定商品，这些在线商店中，有些提供议价 Agent 负责自动与顾客讨价还价，而另一些则采用“一口价”的方式交易。由于他们主要的研究目的不在于议价 Agent 的设计和实现，所以议价 Agent 的功能比较简单，仅有三种固定的议价让步策略，包括效用递减策略（Utility Decreasing Concession，UDC）、效用递增策略（Utility Increasing Concession，UIC）、效用中性策略（Utility Neutral Concession，UNC）。在讨价还价过程中，Agent 按设定的让步策略行动，而顾客遇到的 Agent 采用何种策略则是随机的。

上述工作重点研究了为在线销售增加谈判服务以后，不同的 Agent 谈判策略对不同类型顾客的购物满意度、收益及议价周期等指标的种种影响，并得到了一些有益的结论。为了研究的方便，他们没有对 Agent 讨价还价的策略问题做更深入的探讨，只让 Agent 采用三种相对固定的策略与顾客谈判价格，因此使实验结论看上去缺乏代表性，说服力较弱。随后的研究在 Agent 让步策略上做了更多的扩展，同时增加了对成交率和卖方获利等指标的考察，为设计和实现可实用的议价 Agent 提出了若干有益的建议。然而，实验中 Agent 让步策略固化的问题并没有本质的改变，因此实验结论的现实说服力仍然打了折扣。

提高议价 Agent 的智能及反应特性是让在线讨价还价得以广泛应用的前提条件，Lin 和 Chang 的工作是这方面较典型的研究，他们为在线动态讨价还价（Online Dynamic Bargaining，ODB）系统提出了一个基于 MAS 的框架，其主要构件包括三个 Agent：第一个是采用数据挖掘技术识别讨价还价模式的 Agent，它通过对讨价还价历史数据的时间序列进行分析，发现有益的模式，用以指导未来发生的讨价还价；第二个 Agent 把当前进行的讨价还价与已有模式进行匹配，如果匹配，则使用该模式产生下阶段的出价，若不匹配，则由第三个 Agent 根据效用理论，动态地计算 Agent 的下阶段出价。实验表明，ODB 中增加了 Agent 学习机制和对顾客底线价格的导引（Elicitation）机制，给商家带来的收益均高于 Liang 等的实验结果，而顾客满意度并没因此而有所降低。

尽管上述几个工作都通过实验的方法研究了软件 Agent 代替销售商与顾客进行讨价还价的问题，但是他们均未考虑顾客可能存在的某些投机行为。假设某顾客开始就某商品与使用任意策略的 Agent 进行讨价还价，经过几轮以后，顾客退出交易，然后再开始一个全新的讨价还价过程，由于可以利用前次议价获得的价格信息，因而此时它处于相当有利的地位。只要有足够的耐心，商家的底价几乎总是可以被揭开。也就是说，顾客总是有机会以商家的底线价格购得商品，因此商家在价格弹性下的附加利润为零。除非销售方为议价 Agent 设定的底价并不是其真正意义上的底线价格，否则他在讨价还价中将会总是处于劣势。但是当商家不使用其真正的底线价格，那么提供给顾客的讨价还价机会也就没有意义了。问题的症结并不在于他们研究工作本身的疏漏，而是由交替出价协议的固有性质以及网上交易的匿名特性决定的。显然，这个问题的圆满解决将是在线讨价还价得以广泛应用的关键。

前面本书对人机谈判的几个典型工作做了简单的介绍，可以看出，到目前为止，这方面研究仍然处于较为初级的阶段，许多有关设计与实现的问题有待发现和解决。相对于人机谈判来说，软件 Agent 之间的智能谈判问题更早也更多地受到了各国学者的关注，下面就来简单回顾一下电子商务中关于智能谈判的研究历程。

（2）智能谈判——软件 Agent 之间的谈判。前面已介绍了关于多 Agent 环境下的智能谈判研究，而在电子商务系统中谈到的智能谈判，除了包括系统内部运行产生的谈判问题（资源或任务的分配）外，更多的是指虚拟电子市场中代表买卖双方的 Agent 为达成交易而进行的各种形式的谈判活动，包括从单纯的双边价格谈判到复杂的多方多属性谈判（Multi-Issue Negotiation）。下面将简述其中最典型的一些工作。

1994 年 MIT 媒体实验室开始了 Agent 用于电子市场的研究课题 Kasbah，并于 1996 年发表了该领域具有开创性的论文。Kasbah 是一个基于 Web 的多 Agent 系统，使用分别代表买方、卖方的软件 Agent 帮助用户进行交易。当创建卖方 Agent 时，需要事先设定几个参数，包括商品必须被卖出的日期（截止时间）、最理想的价格、最低可接受的价格等。Kasbah 提供了讨价还价策略函数，会指导 Agent 在讨价还价过程中的出价。系统的三个基本出价策略包括线性函数策略（Linear）、二次函数策略（Quadratic）和立方函数策略（Cubic），分别对应焦虑（Anxious）、冷静（Cool-Headed）和贪婪或俭省（Greedy or Frugal）的谈判态度。Kasbah 作为一个虚拟电子市场，实现了软件 Agent 之间智能谈判的一些最基本特性。

Tete-a-Tete 是一个适用于零售模式的电子交易平台，提供了产品收集、产品过滤及协商等多方位的交易支持，特别是针对基于多属性效用理论（Multi-Attribute Utility Theory）的多属性谈判问题，允许买卖 Agent 对产品担保、送货的时间与方式、服务合同、退货政策以及其他附加服务等多种问题进行谈判。

其他还有不少关于虚拟电子市场中 Agent 智能谈判的研究，指导思想都与前面介绍的内容大同小异，不同的只是所使用的谈判机制，有的支持简单的双边讨价还价，如 OEBS；有的则采用多种形式的拍卖机制，如前述的 AuctionBot 和 eMediatior；还有一些综合多种不同谈判方式的电子市场框架被相继提出，如 Magnet、Amem 等。上述这些工作的研究重点都在于为 Agent 谈判提供平台支持，而对 Agent 谈判的协议、策略等问题没有做更深入的考虑，下面介绍一些在这方面较突出的研究。

Sun 和 Weld 提出根据商品或服务的供求信息进行自动讨价还价的 Agent 谈判模型，特别是针对讨价还价策略问题做了较深入的分析，研究主要基于 Agent 所声明的“价值”（也就是保留价格）和价格。每个 Agent 都试图最大化自己的收益（在折扣率 r 作用下价格与价值之差）。他们定义了五种通用策略，其中四种同时适用于买方、卖方 Agent，分别是固定价格（Fixed Price）、固定出价（Fixed Offer）、单调让步（Monotonic Concession）、针锋相对（Tit-for-Tat），还有一个仅适用于卖方 Agent 的底价竞争（Undercut Competitor）策略。值得一提的是，他们在 Agent 策略选择时考虑了交易成本（Transaction Costs），这是在以往研究中被忽略的因素。

Bazaar 是 Zeng 和 Sycara 根据序贯决策模型提出的多 Agent 谈判模型，其中 Agent 基于经验的学习能力是该模型的最大特点。该模型主要面向多方多属性谈判问题，Agent 的学习能力通过对环境及对手的 Bayesian 信念不断地进行更新而获得。从他们的理论分析及实验结果来看，具有学习能力的 Agent 在谈判中的表现优于那些策略固定、缺少学习机制的 Agent。Bazaar 的应用领域主要是面向供应链的管理。

Sandholm 和 Vulkan 研究了 Agent 谈判中截止时间对策略和结果产生的影响。他们把截止时间信息作为 Agent 的私有信息，假设截止时间的概率分布和讨价还价盈余（Surplus）是共同知识，同时假设截止时间结束时，Agent 总是偏好于完成交易，而不是以失败结束谈判。在这种条件下，他们证明了讨价还价具有唯一的纯策略序贯均衡，均衡策略是 Agent 在每一阶段都要求得到全部的盈余，直到二者中较早的截止时间结束，即所谓"Sit and Wait"策略，均衡结果则是具有较晚截止时间的 Agent 得到全部的盈余。他们还指出，此时截止时间因素远超过贴现因素和参与者风险态度对谈判策略和结果所造成的影响。进一步的工作是 Larson 和 Sandholm 为计算受限的（Computationally Limited）Agent 而提出的交替式讨价还价模型。

Fatima 等进行了类似的分析工作，不同的是，他们放宽了对讨价还价前提条件的某些假设，如关于 Agent 私有信息（截止时间、保留价格）的概率分布及盈余不再是双方的共同知识，交易也不再具有成交的保证，Agent 关于对手的私有信息仅具有不完全的信息，假设服从两点概率分布（Binary Probability Distribution）。在上述条件下，Fatima 对谈判环境进行了建模，讨论了几种不同环境下 Agent 的最优策略及其结果。与前面工作的结论类似，讨价还价的结果仍然是具有较晚截止时间的 Agent 获得全部的盈余，但此时截止时间已不再是对谈判策略起决定性的因素。

上述工作均对特定条件下的 Agent 讨价还价策略等问题进行了有益的探讨，但是，由于在大多数现实情况下都难以满足所要求的条件，因此，相对于实用性来说，它们的理论意义更加突出一些。

另外，还有两个较有创造性的研究也在讨价还价协议上大做文章。Rahwan 等充分利用了交替讨价还价协议公布出价及电子交易可并行化的特点，从买方利益出发，提出并行化的一对多讨价还价模型。从形式上来看，该模型与封闭出价的招投标十分类似，它把一次性的封闭出价改为多阶段的讨价还价过程，让买方 Agent 同时与多个卖方 Agent 进行讨价还价，并利用从这些议价过程中获得的信息不断更新信念和知识，从而以更满意的价格完成交易。该模型可以很容易地扩展为多对多的形式。Nguyen 和 Jennings 进行了几乎完全相同的工作，只是在关于 Agent 谈判策略的讨论上有所不同，Rahwan 把谈判看作分布式约束满足问题，Agent 可用的谈判策略被限定了范围，而在 Nguyen 的研究中，取消了对可用策略的限制。另外，多个讨价还价进程之间的协调问题是本项研究的关键。

至此，本书完成了对电子商务中的智能谈判等相关文献的介绍，从以往的工作中可以看出，由于现实中的各类谈判问题总要比理论研究的数学模型复杂得多，因此不得不在分析的可处理性与建模的准确性上有所取舍。然而，尽管与现实情况存在某些不一致，却并不影响它们对实际谈判过程的指导意义。另外，新环境、新需求的不断涌现，是谈判问题成为研究热点的重要因素。

四、多属性智能谈判研究现状的综合分析与评价

综合国外对网上谈判，尤其是智能谈判的研究，可以发现，尽管涉及的理论与方法各种各样，采用的技术也各不相同，但是与决策研究领域存在着规范化思路和描述性思路一样，在研究谈判时也有这两种思路。借鉴规范化思路和描述性思路，可以将智能谈判系统设计的理论与方法基础概括为两个基本方面：一是谈判协议（Negotiation Protocols）；二是谈判策略（Negotiation Strategies）。

这两个部分的相对重要性需要根据谈判议题和谈判的环境而定。在有些情况下，谈判协议是主要关心的问题，如拍卖系统应通过一些规则，很好地组织拍卖流程；在其他情况下，谈判方的谈判策略又是主要关心的问题。从这两个方面，笔者对多属性智能谈判的研究现状进行了综合分析与评价，归纳出多属性智能谈判的特点以及目前研究中存在的问题，并由此提炼出本书的主要研究内容。

多属性谈判具有如下特点：

（1）在多属性谈判中，Agent 对多个属性的偏好是复杂的。通常用一个效用函数（数学公式）来表示偏好，Agent 根据这个效用函数做出决策。然而，构造这样一个关于多属性的效用函数并不是一件容易的事，尤其是当属性之间存在关联时。因此，偏好获取可能需要很长时间，甚至有时是不能达到的。

（2）在多属性谈判中，解空间是 n（n>1）维的，而在单属性谈判中，解是单维的，只是一个单维的直线，这使得多属性谈判中的谈判策略变得很复杂。因为解空间是 n 维的，每次 Agent 打算让步时，都需要首先确定让步的方向，即对属性 1~n 之中的某个属性或某些属性的不同组合进行让步，这显然存在很多种让步选择。另外，让步方向的确定还依赖于对手的偏好，因为对对手重要的属性进行让步能使 Offer 容易被对方接受。最后，让步的多少更为复杂，因为让步的方向还会影响让步的数量。因此，谈判策略的计算和推理负担要比单属性谈判高得多。

（3）在多属性谈判中，存在"双赢"情况。对理性 Agent 而言，谈判的理想结果是实现一个 Pareto 最优解。Pareto 最优解是指这个解不能在牺牲某些人利益的情况下被进一步改善，本书称一个多属性谈判模型有效是指在存在解的前提下，Agent 能够达到一个 Pareto 最优的一致解。

多属性智能谈判目前存在的问题：

（1）缺乏有效的多属性谈判策略。目前对智能谈判的研究，已提出了一些谈判策略。如 Kasbah 系统的三个基本出价策略，包括线性函数策略、二次函数策略和立方函数策略，分别对应焦虑、冷静和贪婪或俭省的谈判态度。这些策略对单属性谈判问题效果明显，而对多属性谈判却有很大的局限性。

（2）忽视谈判问题之间的依赖关系。目前，几乎所有关于网上谈判的研究，都是基于一种假设：谈判问题之间是相互独立的，在此基础上谈判模型所依赖的效用函数是线性的。而实际谈判中，往往包含许多谈判问题，有连续型的，有离散型的，而且各谈判问题之间是相互关联的，局中人的效用函数实际具有多个最优值，是非线性的。

（3）忽视对多属性并发谈判机制的研究。在多 Agent 环境中，很可能发生多个买方与多个卖方同时进行谈判。本书考虑一个竞争环境，假设这个 Agent 是自私的，并且仅知道自己的谈判偏好。现存的并发谈判协议有拍卖协议和合同网协议等，分析这些协议会发现，并发协议存在以下问题：第一，大多数现存的并发谈判协议没有解决发生在多对多谈判中的谈判一致性和违约风险这样的问题。第二，多数协议没有解决多属性谈判和偏好未知的竞争性情景问题。第三，多数基于合同网变化的模型没有解决并发谈判过程中存在的问题。

第三节　研究内容和结构安排

一、研究内容

根据对多属性智能谈判研究现状的综合分析，本书的研究内容具体包括：

（1）提出电子商务多属性智能谈判系统框架。书中首先讨论电子商务智能谈判的机理，然后对商务谈判过程中传统的商务谈判和现存的电子商务谈判过程进行分析。在此基础上，提出电子商务多属性智能谈判系统框架，并对研究电子商务智能谈判的根本立足点做了详细介绍，为讨论电子商务智能谈判中的关键问题打下基础。

（2）提出不完全信息下基于偏好的智能谈判策略。谈判策略是参与者在符合谈判协议规定的前提下为了使自己的利益最大化而采取的决策机制。任何一种策略都要权衡既不错失获得利益的机会，又要让自己取得尽可能大的利益。本书在不完全信息下，根据拥有对方偏好（权重）信息的情形，相应地给出了基于偏好的智能谈判策略。该策略思路清晰明了，时间复杂性低，使双方能获得较高的满意度，并可获得 Pareto 最优解。

（3）提出基于神经网络和案例推理的智能谈判模型。谈判都是在不完全信息条件下进行的，谈判者并非无所不知，其效用并非共享而是私有的。随着谈判问题的增多，谈判环境变得更复杂；由于环境的未知性，需要开发更具有适应性的软件 Agent。案例推理是一种基于过去的实际经验或经历的推理，是人类思维过程的综合体现。案例推理与神经网络存在某种自然的联系，二者不仅具有一些共同特点，如联想记忆、动态存储和自适应，而且在许多方面具有互补性。利用神经网络对噪声数据不太敏感和并行处理等诸多优点，来实现基于案例的推理可以取得非常好的效果。现有谈判模型效用函数多数是采用多项线性相加计算式，其权值凭人为经验确定，不能充分反映实际需要，具有一定的局限性。本书提出采用学习与逼近能力优良的人工神经网络来替代效用函数。

（4）对多属性并发谈判进行研究。在分析已有的并发谈判研究成果的基础上，提出了一个多属性并发谈判协议。以往的并发协议存在以下问题：第一，大多数现存的并发谈判协议没有解决发生在多对多谈判中的谈判一致性和违约风险这样的问题。第二，多数协议没有解决多属性谈判和偏好未知的竞争性情景问题。第三，多数基于合同网变化的模型没有解决并发谈判过程中存在的问题。本书提出的协议具有如下特点：①它能使买方和卖方同时参与几个谈判过程；②它给出的谈判过程避免了现存的一对多谈判中偏向参与谈判的某一方的情况；③它提出的谈判算法减少了谈判双方发生违约情况的数目；④它改进了谈判效率和鲁棒性。

（5）设计电子商务多属性智能谈判系统。首先，针对智能谈判系统提出系统开发的技术路线，确定技术选型；其次，根据所选用的技术标准进行智能谈判系统各组成部分的详细设计，重点要设计 Agent 的内部功能结构。

研究的总体思路与方法：本书通过分析已有的智能谈判资料，发现信息不完全因素导致多属性谈判的复杂度升高，但是谈判主体的私有信息，如偏好、效用函数、底价等的公开会给谈判者带来面临巨大损失的风险。因此，应考虑如何获得少量的信息，并使用这个信息获得较好的谈判结果。本书根据拥有对方偏好信息的情况进行分类，以效用理论和多目标决策理论为基础，提出了基于偏好的智能谈判策略。人工智能技术是解决谈判主体自动化、智能化的有力手段。本书在分析神经网络技术和案例推理技术的基础上，综合两种技术的长处，提出基于神经网络与案例推理的智能谈判模型。并发谈判形式本身具有许多优点，同时也能克服一对一谈判形式的缺点，如欺诈诱骗底价信息。本书通过对以往并发多属性谈判模型的分析，发现其缺点，并提出新的并发谈判协议。本书研究路线如图 1–1 所示。

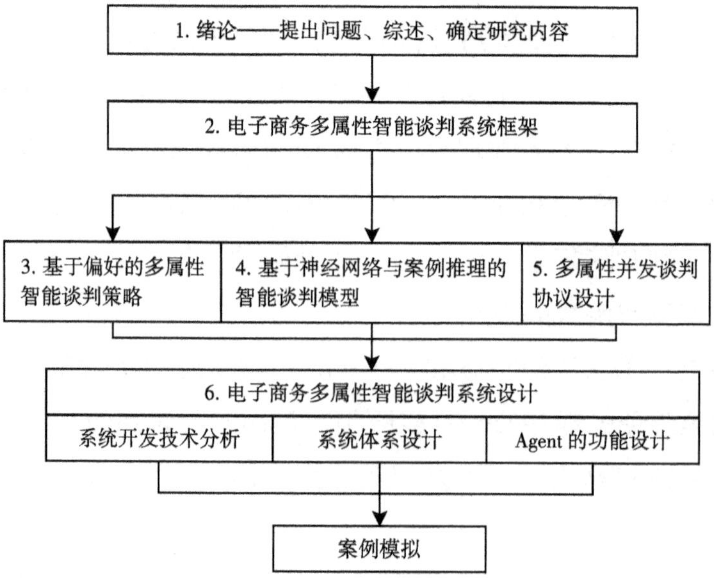

图 1–1　研究路线

二、本书的结构安排

本书各个研究内容的逻辑关系如图 1-1 所示。

首先，主要是对经典的谈判理论、多 Agent 环境下的智能谈判和电子商务中智能谈判的研究现状进行综述和评价，提出问题。在分析电子商务中多属性智能谈判存在问题的基础上，给出本书的研究内容。

其次，在对电子商务、商务谈判和谈判过程进行分析的基础上，给出电子商务多属性智能谈判系统的框架，并对其关键内容进行分析，为以后的研究打下基础。

再次，从三个角度对基于偏好的多属性智能谈判策略、基于神经网络和案例推理的智能谈判模型和多属性并发谈判协议设计进行了研究。

最后，在上述研究基础上，运用案例研究的实证方法，通过系统原型对本书所研究的理论和方法进行了验证。

第二章　电子商务多属性智能谈判系统框架

在讨论电子商务智能谈判中的关键问题之前，需要对本书研究电子商务智能谈判的根本立足点做一些详细介绍。本章的目的是给出全书所讨论的关键问题的一个总体框架。本章将首先进行电子商务智能谈判机理分析，然后给出电子商务谈判基本框架，进而对框架中的关键问题进行分析，最后是小结。

第一节　电子商务智能谈判机理分析

一、电子商务

1. 电子商务概念

电子商务源于英文 Electronic Commerce，简写为 EC。电子商务是利用现有的计算机硬件设备、软件和网络基础设施，在按一定的协议连接起来的电子网络环境下从事各种各样商务活动的方式。其内容包含两个方面，一是电子方式，二是商贸活动。对于电子商务概念的科学理解应包括以下几个基本方面：

（1）电子商务是整个贸易活动的自动化和电子化。

（2）电子商务是利用各种电子工具和电子技术从事各种商务活动的过程。其中，电子工具是指计算机硬件和网络基础设施；电子技术是指处理、传递、交换和获得数据的多技术集合。

（3）电子商务渗透到贸易活动的各个阶段，因而内容广泛，包括信息交换、售前售后服务、销售、电子支付、运输、组建模拟企业、共享资源等。

（4）电子商务的参与者包括消费者、销售商、供货商、企业雇员、银行或金融机构以及政府等各种机构或个人。

2. 电子商务应用类型分类

（1）企业间的电子商务（简称 B2B 模式）。

（2）企业与消费者之间的电子商务（简称 B2C 模式）。

（3）消费者与消费者之间的电子商务（简称 C2C 模式）。

（4）企业与政府之间的电子商务（简称 B2G 模式）。

3. 电子商务系统的流程

在一个商务系统的流通体系中，一般包含如下四部分，如图 2–1 所示。

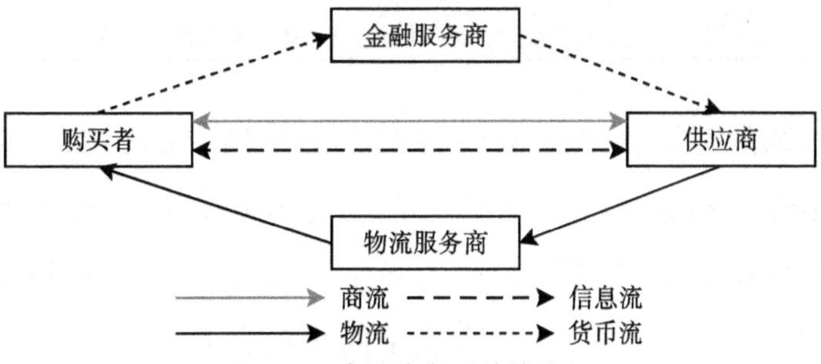

图 2–1 电子商务系统的流程

（1）信息流：它包括商品信息的提供、促销行销、技术支持、售后服务等内容，也包括诸如询价单、报价单、付款通知单等商业贸易单证，还包括交易方的支付能力、支付信誉等。

（2）商流：主要指商品在购、销之间进行交易和商品所有权转移的运动过程，具体指商品交易的一系列活动。

（3）货币流：主要指货币的转移过程，包括付款、转账等。

（4）物流：是指物质实体（商品或服务）的流动过程，具体指运输、储存、配送、装卸、保管、物流信息管理等。对于大多数的商品和服务而言，物流仍然要通过物理方式实现。

4. 电子商务交易过程

整个电子商务交易（商务）过程包括八个环节，它们的顺利实施能保证电子商务活动的成功进行。当然，有一些环节在不同行业具体实施过程中的繁简有所不同，如表 2–1 所示。

表 2–1　商务链的核心环节说明

<table>
<tr><th colspan="2">阶　段</th><th>环　节</th><th>解　释</th></tr>
<tr><td colspan="2">前商务</td><td>商品市场准备</td><td>为通过交易而获取利润的商品在生产外的准备和为交易而进行的调查、熟悉市场交易环境、依次调整市场交易主体，遵守、监督交易规则等活动</td></tr>
<tr><td rowspan="6">交易</td><td rowspan="2">交易前</td><td>展示</td><td>卖方或买方对销售商品或所需商品的用途、特性、优势、价格及相关信息的介绍、说明、发布等活动</td></tr>
<tr><td>沟通</td><td>买卖双方或多方就商品价格、质量及优势等信息的交流、咨询等活动</td></tr>
<tr><td rowspan="2">交易中</td><td>谈判</td><td>以商品的价格、质量、交易方式等为主要内容的双边或多边磋商、洽谈</td></tr>
<tr><td>签约</td><td>买卖双方或多方就商品交易而正式达成的口头、书面和电子合同等</td></tr>
<tr><td rowspan="2">交易后</td><td>支付</td><td>买方向卖方按合约支付与交易商品或服务有关的一切费用</td></tr>
<tr><td>配送</td><td>卖方向买方配送物品或实施服务</td></tr>
<tr><td colspan="2">后商务</td><td>售后服务</td><td>交易完成后的咨询、维护、保养等一系列相关活动</td></tr>
</table>

需要强调的是，商务活动既有单个商务活动的周期，又有多个商务活动的循环、继续。当有些商务活动完成后，新的相关商务活动又开始了。而且相关商务活动的后商务活动往往就是新一轮商务活动的前商务活动的一部分，并以此构成了商务的循环发展。新商品、新服务，新技术、新方式等就是在这看似简单重复的商务活动中孕育、创造、发生和发展的。

5. 电子商务交易的基本程序

电子商务交易应遵循的基本程序包括以下十个方面，如图 2–2 所示。

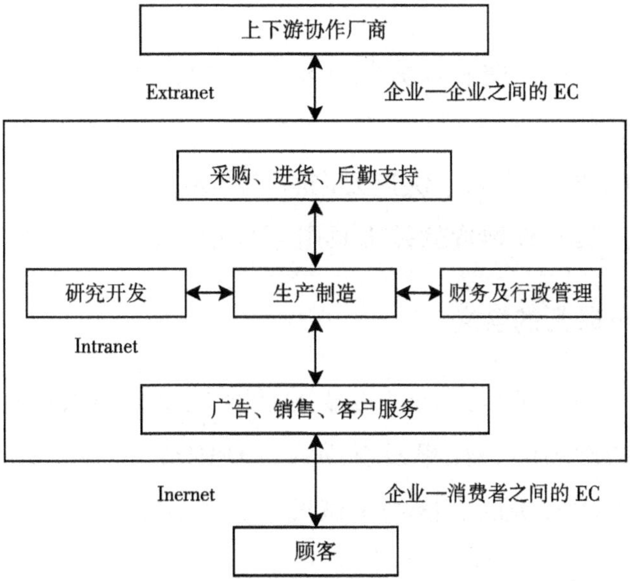

图 2-2 Inernet/Intranet/Extranet 网上电子商务示意图

（1）商品报价请求。客户方向供货方提出商品报价请求，说明想购买的商品信息。

（2）商品的报价。供货方向客户方回答该商品的报价，说明该商品的报价信息。

（3）商品订购单。客户方向供货方提出商品订购单，说明初步确定购买的商品信息。

（4）商品订购单的应答。供货方对客户方所提出的商品订购单的应答，说明有无此商品及规格型号、品种、质量等信息。

（5）商品订购单变更请求。客户方根据应答提出是否对商品订购单有变更请求，说明最后确定购买的商品信息。

（6）商品运输说明。客户方向供货方提出商品运输说明，说明商品的运输工具、运输方式和交货地点等信息。

（7）商品发货通知。供货方向客户方发出商品发货通知，说明商品的运输公司、发货地点、运输设备、包装等信息。

（8）商品收货通知。客户方向供货方发回商品收货通知，报告商品收货信息。

（9）汇款通知。交易双方收发汇款通知，买方发出汇款通知，卖方报告收款信息。

（10）电子发票通知。供货方向客户方发送商品的电子发票，在买方收到商品，卖方收到货款并出具电子发票后，完成全部交易。

二、商务谈判的含义

商务谈判是一种普遍而又重要的社会现象。当人们存在冲突的利益又不想诉诸武力时，如果没有现成的规则或程序可以解决，人们往往通过谈判来达成协议。谈判是试图解决谈判各方应付出什么、应得到什么的过程。

促成谈判的条件主要有：人们有着冲突的利益；交流是可能的；中介方案或暂时妥协是可能的；谈判双方可能提出临时性的开价和还价；报价或建议要被谈判各方都接受时才会成为谈判的结果。

谈判的基本成分包括：谈判各方、各方的利益、谈判的过程及结果。谈判一方是指某个人或有着共同利益的一组人。谈判者的利益是指每个人对资源分配的偏好或者效用。谈判过程是指结果未达成之前谈判各方所受的影响：它包括谈判者之间的交流及实现谈判策略的行为。谈判结果是指谈判过程的产物：僵局（未能达成互相认可的协议）或者联合协议。

谈判具有以下特点：谈判是各方间的合作。谈判是解决冲突纷争的方式之一，它最鲜明的特点就是合作。冲突各方以合作为基础解决纷争，就总体而言，可以获得相对其他方式（如对抗）更多的利益。博弈论中的囚徒困境问题可以说明这一点。谈判是对参与各方利益的协调而不是均等分配。公平对等是谈判双方合作的重要基础，表现在谈判双方的相互尊重、平等互利等方面，但它并不一定要实现在利益上均等分配。谈判活动以双方的自愿为基础。谈判区别于其他冲突纷争解决方式的标志之一就是采用谈判方式解决问题必须要建立在各方自愿的基础上。

商务谈判由谈判发起者、谈判响应者、谈判议题、谈判意向、谈判情报、谈判时间、谈判环境等要素构成。

谈判发起者。谈判过程中通过主动了解并影响对方，从而企图使对方理解和接受自己的观点、基本利益和行为方式的一方。谈判发起者最大的特点在于表现出充分的主动性和创造性。

谈判响应者。谈判过程中主体所要了解并施加影响的一方。谈判响应者最大的特点在于其有一定程度的被动性。

谈判议题。双方共同关心并希望解决的问题，它反映着双方的利益互补和差别所在。

谈判意向。对谈判争议的问题所持的态度，包括双方的谈判立场、原则，对谈判事项所提出的解决办法。一般通过提出的谈判方案，表现出双方真正的谈判态度。

谈判情报。情报是谈判的耳目，是决策的依据，及时、可靠的情报是谈判成功的关键之一。

谈判时间。谈判过程中涉及的时间量的总称，包括谈判期限、谈判所用时间、合同生效时间、谈判合同有效期限等。

谈判环境。举行谈判的场所和条件，包括会议的地点、谈判室的布置等因素，这些因素可以直接影响谈判者的心境。

三、商务谈判过程分析

1. 传统的商务谈判过程

按照谈判活动的内容与先后次序，谈判必须要经过三个阶段：谈判准备、谈判阶段和谈判结束。

（1）谈判准备。谈判准备阶段的工作是否充分关系着谈判的成功与否。归纳起来，谈判准备工作包括以下几个方面：

1）明确基本利益。在确定谈判的议题之前，首先要明确自己的基本利益需求。基本利益是谈判方评价谈判结果的标准，是一项协议是否能最终达成的根本原因。基本利益的识别与构造是谈判准备阶段的重要内容，主要原因有：第一，基本利益的重要性决定议题的相对权重（重要程度），即议题的权重需要考虑不同的基本利益的重要性以及议题同这些基本利益的关系。因此，明确的基本利益可以提高各个议题的逻辑性和一致性。第二，基本利益的内容是相对稳定的，其重要性也相对稳定。在谈判中始终聚焦于基本利益可使谈判者在冗长的谈判过程中采取一致的各种行为，如确定议题、设计谈判策略以及协议评价活动的一致性。对基本利益的理解也将有助于提高谈判者在谈判过程中的能力。

2）制定谈判目标。谈判目标是谈判者参加谈判的基本目的，整个谈判都必须围绕这个目标进行。可以将谈判的目标分为两类：必须实现的目标和想要实现的目标。因为并不是所有目标都具有同等的重要性，有些目标属于基本目标，任何可接受的协议都必须能够实现这些目标，这些就成为必须实现的目标。有时，可将必须实现的目标作为滤除令人不满意的协议的标准。在谈判中，可能希望实现其他目标，但是那些目标并不是绝对必要的。并不是所有想要实现的目标都是同等重要的，必须对其相对重要性进行加权，这些权值参量将有助于群体取得一致意见和实现谈判的计算机化。

3）信息的收集与研究。信息能够减少不确定性。一般地，谈判前需要了解的信息包括：政策法律信息、经济环境信息、自然环境信息、自我评价的信息、谈判对手的信息和谈判议题的信息等。

4）制订谈判计划。谈判计划是谈判人员在谈判信息分析的基础上对谈判内容、谈判步骤、方式以及地点所做的安排。谈判方式有两种：一是横向式谈判，即谈判的议题全面展开，规定每轮谈判要讨论的具体问题，然后逐一讨论，如果其中一个问题没有达成协议，可以暂时放下再谈另外的问题。这种谈判的方式有较高的效率，而且不容易出现僵局，对维持较融洽的谈判气氛有所帮助。二是纵向式谈判，即在谈判前应将要谈判的问题整理成一个系列，或排成从前到后的顺序，然后依排好的顺序进行谈判。它要求每次只谈一个问题，并且直到这个问题达成协议后再谈下一个问题。这种谈判方式使每一轮谈判的问题专一，内容简化，但效率较低，而且容易出现僵局，不利于维持良好的谈判气氛。

有时，在谈判计划的基础上还要进行模拟谈判。

（2）谈判阶段。谈判阶段是完成谈判各方目标的重要阶段，这一阶段随着时间的推移与所要讨论和解决的问题不同而呈现出一定的阶段性，具体来说，这一阶段可以划分为四个阶段。

1）开局。在开局阶段一般不进行实质性的谈判。谈判人员的任务和目的是为今后的谈判创造一个合适的气氛，为整个谈判定下一个基调。谈判气氛一旦形成，要想改变是很不容易的，要花费一些时间和精力，所以谈判人员应注意开局时的表现，给对方留下富有诚意的印象，以培养良好的谈判气氛。

2）报价。报价阶段是谈判各方提出自己交易条件的阶段，这说明谈判双方经过准备、开局阶段后进入实质性的谈判。报价是相当重要的，一种报价可能使对方避而远之，也可能寄予厚望。有经验的谈判者可以判断出对自己有利而对方的效用值接近零的方案，并以此方案作为报价方案提出，让对方最勉强地接受它作为谈判基础。这样既避免谈判破裂，又处于最有利的讨价还价地位。

3）还价。还价就是针对谈判对方的报价所做出的反应性报价，还价是以报价为基础，谈判者估计其保留价格和策略性虚报的部分，推测对方可妥协的范围，然后根据自己的既定策略，将自己可接受的价格反馈给对方。报价和还价树立了两条边界，它们所规定的界区称为协议区。

4）磋商。磋商的过程，就是在特定的谈判过程中谈判各方分割利益和需要的过程，这一过程有大量的信息在传递和流动。在此过程中，各方的实力、谈判者的态度和行为、所做的准备工作和所运用的策略等对谈判的成败都至关重要，因此，磋商实质是一种包括各种复杂力量关系在内的交换过程。磋商意味着彼此做出让步，这一阶段基本上通过论争、讨价还价、妥协让步来完成。

谈判阶段是谈判的攻坚阶段。谈判的障碍一般来自于谈判双方彼此存在的利益冲突和谈判者自身在谈判策略或决策程序上存在的障碍两个方面。前一种障碍需要双方按照公平合理的客观原则来协调利益，后者就需要该谈判方优化自己的谈判策略或者团队的成员组合。为了克服这些障碍、最大化自身利益，并在谈判桌上获取主动权，谈判者必须灵活掌握并运用谈判策略。

（3）谈判结束。经过磋商与让步，如果谈判各方认为基本达到自己的要求，便表示接受协议，整个谈判过程就结束了。在这一阶段应做好协议的正式签署工作。

2. 电子商务智能谈判过程

Guttman 等以消费者购买行为（Customer's Buying Behavior，CBB）模型为例对主体在电子商务中的应用加以描述，该模型包括如下六个基本阶段：

（1）需求确定（Need Identification）。在此阶段，消费者输入所需的商品信息，如所需商品的价格范围、质量等级、品牌和数量等，商家根据客户的偏好推荐商品，使客户得到最新的商品信息。

（2）商品代理（Product Brokering）。也称为信息搜寻阶段，利用信息检索帮助客户决策，匹配客户需求与产品信息，基于消费者提供的标准来评估可选商品。

（3）商家代理（Merchant Brokering）。也称为选择评估阶段，使用所有主体都注册了的中央数据库，基于消费者提供的标准来评估可选的商家。买方主体应该能够为待购的商品找到若干个相应的商家，并考虑到消费者的偏好、购物历史记录、该商家的消费者满意度，并根据该商家就商品谈判结果的满意程度对该商家进行评估，并从中选择能够提供最优商品或者服务的商家。

（4）谈判（Negotiation）。谈判过程主要是决定如何进行交易。在谈判阶段，买方主体能够代表消费者与商家谈判并最终商定商品的各属性。在基于主体的电子市场中，商品交易的动态定价和智能化的自动出价成为可能。在此过程中，主体的谈判能力至关重要。在电子市场的智能化谈判中，主体之间将对某一商品进行谈判，最终确定其价格以及其他属性，并试图获得最大的利益。谈判过程中，主体应该采用某种谈判策略来指导如何出价。

（5）支付与配送（Payment and Delivery）。支付阶段可使用在线支付系统。商品的配送可以采用在线或传统方式。

（6）商品服务与评价（Product Service and Evaluation）。利用客户反馈来评价商家的信誉，涉及产品的售后服务、顾客服务、购买经验和决策的满意度评估。

电子商务的这六个阶段正好可以与传统谈判的三个阶段对应起来，对应关系如图 2-3 所示。传统谈判中的准备阶段对应于智能谈判中的需求定义、产品代理、商家代理三个阶段；谈判阶段对应于智能谈判

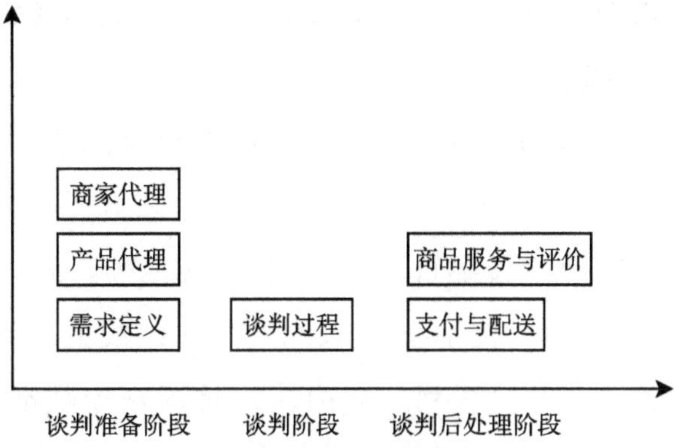

图 2-3 智能谈判过程

中的谈判过程；谈判后处理阶段对应于智能谈判中的支付与配送、商品服务与评价两个阶段。

虽然，Kashbah、Auction、Aution Web、T@T 等主体已经提供了谈判能力，但是这些谈判都是以简单的查找并比较或者在线拍卖的形式进行的。它们的实质都是对最低价格的商品或服务的搜索，并没有实现对价格或其他用户关心的因素的谈判。因此，现有技术不能满足复杂的多边多属性谈判需求。在未来的电子商务系统中，消费者可以放心地将需要谈判的条款委托给软件主体，由该主体代替他或她与其他主体谈判来达成一致同意的合同。

第二节　电子商务智能谈判系统的框架

一、电子商务智能谈判系统的框架模型

本书研究多属性谈判，电子商务谈判的基本谈判形式是双边谈判，根据传统谈判的几个要素，可将电子商务智能谈判定义为一个 8 元组模型。

定义 2.1：谈判被定义为一个 8 元组 Negotiation =（Ag，Q，V，W，T，S，P，Acl）的模。

Ag：代表不同参与者利益的谈判主体构成的参与谈判的 Agent 集合。

定义 2.2（谈判参与者集合）：$Ag = \{a_1, a_2, \cdots, a_n\}$ 表示参与谈判的 Agent 集合，其中，n 表示参与谈判的 Agent 数量，当 $n = 2$ 时为双边谈判，当 $n > 2$ 时为多边谈判。双边谈判是谈判的基本形式。当 $n = 2$ 时，a_1 表示买方 Agent，a_2 表示卖方 Agent。

Q：谈判中的议题集合，议题是双方共同关心并希望解决的问题，它反映着双方的利益互补和差别所在。

定义 2.3（谈判多议题集合）：任意 $n\in N$，$Q=\{q_1, q_2, \cdots, q_n\}$ 表示谈判中涉及的 n 个议题，q_j（$1\leqslant j\leqslant n$）是第 j 个谈判议题，当 $j\geqslant 2$ 时，即为多议题谈判。在电子商务的谈判中，买方 a_1 与卖方 a_2 可以对商品的价格、数量、质量、物流方式等议题进行谈判。

V：谈判中议题的取值域。

定义 2.4（谈判议题的值与值域）：任意 $a_i\in Ag$，任意 $q_j\in Q$，$v_{ij}=va_i(q_j)\in V_{ij}$ 表示参与谈判的 Agent 实例 a_i 对谈判议题 q_j 的取值，其中的最大值记为 $\max(v_{ij})=\max(va_i(q_j))$，最小值记为 $\min(v_{ij})=\min(va_i(q_j))$，$V_{ij}$ 表示 Agent 实例 a_i 对谈判议题 q_j 的取值域。

W：谈判中议题的权重值，它反映各个谈判主体对谈判议题的偏好信息。

定义 2.5（谈判议题的权重值）：任意 $a_i\in Ag$，任意 $q_j\in Q$，$W_{ij}=wa_i(q_j)$ 表示参加谈判的 Agent 实例 a_i 对谈判议题 q_j 所分配的权重值，当 $1\leqslant j\leqslant n$ 时，则有 $\sum_{j=1}^{n} W_j^i=1$。如果 $wa_i(q_1)>wa_i(q_2)$，则表示 a_i 在议题 q_1 与 q_2 之间更偏好于 q_1。

T：谈判最大时限。

定义 2.6（谈判最大时限）：整个谈判过程被限定在一个谈判最大时限 T 范围内，假设实际谈判时间为 nTime，若 $nTime<T$ 时，允许继续谈判，若 $nTime\geqslant T$ 且谈判没有达成一致，则以谈判失败终止谈判过程。

S：谈判策略，它涉及的内容很多，包括谈判主体的谈判立场、原则和对风险的态度等许多方面。

定义 2.7（谈判交互策略）：任意 $a_i\in Ag$，S_i 又表示 Agent 个体 a_i 的交互策略，如单方让步策略、竞争型策略、协作型策略、破坏性策略和拖延谈判策略，此外还可以分为基于时间的策略、基于行为的策略和基于资源的策略等。

P：谈判协议。

定义 2.8（谈判协议）：双方 Agent 在谈判开始前，必须首先达成一致的规则，如对参与谈判的 Agent 给出约束条件、规定谈判状态（开始、结束等）及引起谈判状态改变的有效条件等。

Acl：主体通信语言。主体语言中的动作项说明了主体在谈判过程中可以执行的动作。

这八个元素是谈判过程中必不可少的因素。与人类的谈判相比，利用计算机软件主体进行的智能谈判必须明确主体之间的通信语言、通信协议、主体可以采取的动作等内容。在以后的章节中将对其中的内容分别做详细的分析和讨论。

二、电子商务智能谈判机制

智能谈判机制由谈判协议和谈判策略两部分组成。在谈判过程中，谈判协议与谈判策略相辅相成，共同指导着主体的行为。

谈判协议是电子商务系统中买卖双方主体之间公共的、公开的、双方必须遵守的交互规则集，其中规则集中的规则以一种偏序关系来组织，这种偏序关系由具体的谈判机制决定。

协议中的规则对下面的内容进行了约束：各种可能的参与者，如谈判者和任意相关的第三方；谈判状态，如接受投标、谈判关闭；引起状态改变的事件，如没有更多的投标者、投标被接受；以及特定状态下参与者的有效行为，如谁可以发送哪些消息、可以发送给谁、在什么阶段发送等。

一个良好的谈判协议应该满足如下性质：

角色区分性：区分参与者在谈判过程中扮演的买、卖、中介等角色。

分布性：由于使用主体技术实现谈判，代表谈判参与者的主体可以位于网络的任何地方，不必在固定时间到达固定地点。同时，谈判过程应该是分布的，即谈判过程不应该由一个中央单元或者是主体来管理。当其他项都相同时，为了避免其他原因如单点失败和性能“瓶颈”而导致谈判失败，分布式协议应该是首选的。

公平性：谈判参与者之间应该是公平的、不偏袒任何一方的，即协议不应该通过不合适的规则来偏向或偏离某些主体。

保证终止性：不管最后是否能够达成一致，它们都能保证谈判在一定时间内结束而不会无休止地谈判下去。

冲突避免性：应该尽可能地避免冲突。

通信效用：协议应该使谈判主体能够聚合在一个期望的全局方案上而需要的通信次数最小化。要想降低通信次数，一个方法就是多个议题一起谈判。

谈判多轮性：遵守该协议，谈判参与者可以根据需要多轮地交换建议和反建议。

谈判策略是参与者在符合谈判协议规定的前提下为了使自己的利益最大化而采取的决策机制。任何一种策略都要权衡既不错失获得利益的机会，又要让自己取得尽可能大的利益。

学者 Iyad 列出了几种可能影响可计算主体谈判策略设计的因素：

目标：主体在特定的时间与其他主体就某些资源谈判希望实现什么目标。一个主体的目标可能仅属于它自己，也可能包含一个利他的因素。此外，一个主体可能包含多个目标，有些目标比较明显，有些目标则不然。事实上，一个主体可能不抱任何瓜分资源意图地参与一个谈判交互，它们仅仅为了混淆、分散或者排除其他参与者甚至非参与者。

领域：主体的策略可能根据谈判所涉及资源特点的不同而不同。例如，把谈判领域区分为面向任务的领域、面向状态的领域和面向价值的领域。

协议：谈判交互协议的特征。例如，如果谈判协议不允许某种信息出现在谈判交互过程中，则谈判策略支持这种信息是毫无意义的。能力主体在谈判交互过程中具有的能力是协议规定的主体可以执行的合法动作。虽然某些动作或交互对一个协议来说被认为是合法的，但是它们并不在主体的考虑范围内。

价值观：主体的价值观。一些行为是协议所允许的且在主体的能力范围内，但主体并非一定会执行它们。例如，一个主体可能拒绝撒谎。MarkYoung 最近提出大多数人在他们的商业生涯中希望保持一个一致的个人形象。因此，在谈判过程中，他们不会考虑与他们所认定的个人形象相背离的那些行为或者交互。

对手：交互过程中，该主体认定的其他对手的特征。明显地，对一类对手来说有效的策略，对另一类对手可能无效。因此，主体建立的对手模型将影响其策略设计。过去与相同或相似主体的交互经验也将影响这些对手模型和策略设计。

资源：主体可用的时间和可计算的、可记忆的资源，如专家建议。例如，在合法的辩论中，参与者为了迫使拥有少量资源的对手处理分歧或者退出交互，往往会拖延发表决定。

备选方案：主体可用的求解方案。传统谈判教材都建议参与者采用“谈判一致最优方案”来指导其谈判策略。

一个良好的谈判策略应该满足下面的性质：

Nash 均衡：双方进行策略选择时存在着一个 Nash 均衡点。

Pareto 效率：Pareto 效率，也称 Pareto 最优，是一个从全局角度进行方案评估的标准。人们可以利用效用对采用这些谈判策略进行谈判得到的资源分配方案进行评估，以此衡量策略的好坏。

一个方案 X 是 Pareto 最优是指该问题不存在其他的方案 X′使至少一个主体在方案 X′中比在方案 X 中获得的利益大，而其他任何一个主体在方案 X′中获得的利益都不小于它们在方案 X 中获得的利益。相应地，一个能导致 Pareto 最优分配方案的谈判策略是 Pareto 最优的。

灵活性：该性质是指谈判策略应该保证即使主体没有完全的、正确的关于自己决定和偏好等的私有信息，仍然能够达成一致。

计算效用：当主体接收到对方建议的时候将对其进行评估、分析，给出接受、拒绝或反建议。这些都需要计算来处理。明显地，策略应该被设计为当主体使用该策略时，将花费尽可能少量的计算。

综合谈判协议与谈判策略的性质可知，一个良好的谈判机制应该满足的性质如下：

高效性：谈判过程中所用的通信效用和计算效用总和达到最小。

社会利益最大：社会利益是一个给定情景下所有主体支付或效用的总和，它衡量了谈判参与主体的总得益。它可以用作一个衡量谈判成功与否（通过比较该机制导致的结果）的标准。当用效用来衡量总效益时标准比较武断，因为它需要进行主体间的效用比较，而且实际上每个主体的效用函数仅能进行正仿射变换。

三、谈判通信语言原语

在多主体系统中，主体间的相互作用（Interaction）对实现协作来说是必不可少的。相互作用的过程可看作通过主体间通信来协调双方行为以便联合采取行动。这里的通信是指主体用一种语言进行“交谈”，它既包括交谈内容的传递，也包括通信双方对交谈内容的正确理解。

谈判系统是必须有通信的，Agent 采用“Agent 通信语言”（Communication Language）来进行沟通。Agent 实现通信最基本的形式就是信息的传递。绝大多数谈判原语都要考虑谈判者之间的对话。Winograd 和 Flores 在 Speech Act 理论的基础上，对说话的言外行为进行了处理，使之能够将说话者的意图传达给听话者。目前，基于 Speech Act 的通信语言已经开始应用于 Agent 通信，如知识查询操作语言（KQML）。本部分将简单讨论一下在谈判过程中通信的基本理论和谈判系统中通信语言原语的语义。

1. Speech Act 理论

Speech Act 理论是一种比较成熟的理论，这种言语行为理论是由哲学家 Austin 提出的，其基本思想是“说的就是希望做的”（to Speak is to Do），即言语中隐含着某种行为。Speech Act 理论基于如下理论：人类交际的基本单位不是句子或其他表达手段，而是完成一定的行为，如“通知”、“请求”、“建议”等。言语行为的特点是，说话人通过说一句话或若干句话来执行一个或若干个上面列举的行为，这些行为的实现可能给听话人带来某些后果。该理论把言语行为区分为断言（Assertive）、指示（Directive）、承诺（Commissve）、表达（Expressive）、宣告（Declaration）等类型，每种类型的通信行为都有自己的先决条件，并会产生不同的结果。

2. 谈判中的通信语言

每一个 KQML 的信息都有如下的基本架构：

(<performative>

: content<statement/speech acl>

: sender<name>

: receiver<name>

: language<text>

: ontology<text>)

模仿 KQML 的方式，制定谈判的每一次提议，都按照如图 2-4 所示的方式进行通信。

(
Action：//使用原语，描述动作
Time：T//第几轮谈判
Direction：//buyer->seller/seller-buyer　//提议方向
Multi-issue：（I，xi），其中，i = 1，2，…，n，n = issue number//多个议题的分别取值
)

图 2-4　谈判中的通信基本形式

可见，Action这个部分，主要可以用来观察行为，并且也关系到心智状态的获取。为了简化这个部分，同时也避免进行自然语言识别，需要规定谈判通信中可以使用的语言。根据谈判中原语的用途，可以分为三类：

初始原语：propose，arrange，request，inform，query，command，inspect等。

响应原语：answer，refine，modify，change，bid，send，send value，reply，refuse，explain等。

完成原语：confirm，promise，commit，accept，reject，grant，agree等。

同时给出谈判原语的语义，如表2-2所示。

表2-2 谈判原语

谈判行为原语	谈判语言语义
Accept	接受对方向自己提出的提议
Cancel	取消刚才自己的提议
Call for proposal	开始一个谈判过程
Confirm	确认上一次的提议
Failure	谈判失败
Inform	通知相关信息
Propose	传送自己最新的提议
Query	询问相关问题
Refuse	拒绝某些请求
Reject-proposal	拒绝谈判过程中的提议
Request	请求

四、谈判议题的内容和方式

在多属性智能谈判中，谈判内容包括价格、质量、数量、交货时间、交货地点、付款方式、售后服务等多个方面。但在每次谈判过程中，并不是所有的议题都会涉及，但一般谈判情形中都会涉及多个议题，同时谈判的各个议题也有着不同的权重（Weight）。

在多属性谈判模型中，通常对于多个议题的谈判方式有两种：同步和异步。同步谈判是指把所有议题捆绑在一起，同时谈判；而异步谈判是所有议题一个接着一个进行谈判。显而易见，异步谈判方式要比同步谈判方式简单一些，但是有很大的局限性，如可能不存在多个议题之间的平衡，该问题研究的关键在于如何确定多个议题的谈判次序。而对于同步谈判，如何在多个议题谈判中找到平衡点则成为关键。

在本书中主要考虑同步谈判，但所提出的效用度量和提议产生算法也可以适用于异步谈判，只需考虑单议题即可。

五、谈判协议的概念框架

虽然当前的大多数研究都集中于拍卖协议，但是议价协议仍然是重要的谈判方法。这是因为：首先，拍卖的流程一般已提前安排好且有时间限制，但一些卖方、买方可能不想一直等待一个拍卖的开始或结束；其次，大多数拍卖都是为拍卖者牟利的，尤其是当投标者的数量比较多时。

一般地，多主体系统中的谈判模型都采用交换出价（Offer）的形式。现在这种模型很多，主要有基于博弈理论的（Game-Theoretic）模型、基于启发式的（Heuristic-Based）模型和基于辩论的（Argumentation-Based）模型。研究者对这些模型进行了简要的分析。这些模型有一个共同的特点，即没有把谈判协议和谈判策略清晰地分开。在分析这些协议模型的特点并总结前文的协议属性的基础上，笔者给出了谈判协议的概念框架，如图 2-5 所示，该框架包括以下属性：

（1）主体在谈判中所扮演的角色集（Role Set）。根据谈判参与者在谈判过程中所起的作用不同，将谈判参与者分为谈判宿主（Host）、买方、卖方和中介人（Mediator）等角色。

（2）谈判过程中可能出现的局面集，也就是谈判可能出现的状态集（State Set），包括准备就绪、讨价还价、冲突暂停、达成一致和签

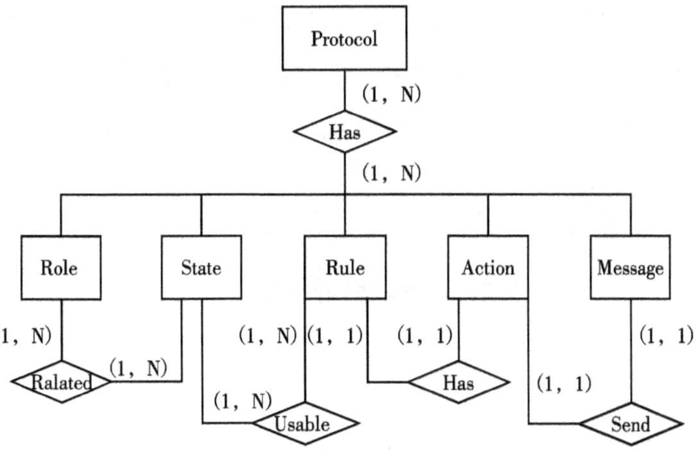

图 2-5 谈判协议的概念框架

订合同等几个状态。

（3）谈判中的规则集。谈判规则可以分为：

发送建议规则：该规则给出谈判参与者发送建议给对方的条件。

接收建议规则：该规则给出谈判参与者接收来自对方建议的条件。

接受建议规则：该规则给出谈判参与者接受对方建议的条件。

修改建议规则：该规则给出谈判参与者修改对方建议的条件。

拒绝建议规则：该规则给出谈判参与者拒绝对方建议的条件。

退出规则：该规则给出谈判参与者退出谈判的条件。

（4）谈判中执行的原子事务集，即动作集（Action Set）。不同的协议对应的具体动作是不同的。例如，一对一谈判协议中的主体动作包括建议（Propose）、要价（Request）、接受（Accept）、拒绝（Refuse）、退出（Abort）等。

（5）主体之间的通信消息集（Message Set）。消息与动作对应，动作不同则相应的消息类型也不同。

该框架说明在谈判开始后的任意时刻，一个谈判协议仅能处于某一个状态，每一个状态中可以包含两个或多个谈判角色，如买方、卖方或者中间商，每一个角色都有一个或多个可以使用的规则，每一个规则又有一个前件、一个动作和一个后件，规则的前件一旦被满足，它就可以被触发，而在规则触发的同时，它将激活一个角色的动作发生，之后，该角色就会发送一个消息给相应的其他角色。

本章小结

本章首先进行了电子商务智能谈判的机理分析，讨论了电子商务和谈判的含义，然后对商务谈判过程中传统的商务谈判和现存的电子商务谈判过程进行了分析。在此基础上，提出了电子商务多属性智能谈判框架，并对研究电子商务智能谈判的根本立足点做了详细介绍，为讨论电子商务智能谈判中的关键问题打下了基础。

第三章　基于偏好的多属性智能谈判策略

谈判策略是为了使自己的利益最大化而采取的决策机制。它的基础是决策模型。本书在不完全信息下，根据拥有对方偏好（权重）信息的情形，相应地给出了基于偏好的智能谈判策略。本章首先介绍了多属性效用理论；其次，给出了议题（属性）规范化处理方法；再次，给出了谈判策略的基本决策模型；最后，提出了基于偏好的智能谈判策略。

第一节　效用理论及其在智能谈判中的作用

一、效用理论

效用理论是西方经济学中的一个基本理论，是消费者行为理论的核心，也是决策人进行决策的依据。效用（Utility）是指人们从产品和服务的消费中所获得的收益或满意程度。消费者总是在可能的情况下设法使其效用最大化。效用具有客观性和主观性的特点。效用的客观性主要体现在效用以消费者的现状为基础，必须符合消费者的客观实际情况。同一商品对不同消费者具有不同效用的原因在于不同消费者的现状不同。以消费者的现状为基础是效用的客观表现。效用的主观性主要体现在：①效用是消费者对物品的一种主观心理感受，因此，效用本身不包括是非的价值判断。一种商品有无效用，只看它能否满足人们的欲望，而不考虑这种欲望的好与坏。②效用因人、因时、因地而不同。

在谈判理论中，谈判方的效用就是指某一方案为自己带来的收益的函数。这种函数应该大致上分成三类：凸效用函数、凹效用函数和线性效用函数。与之相对应的是竞标人对风险的态度：风险喜好、风险厌恶、风险中性。

凸效用函数表示投资者勇于冒险而获取更高的收益。随着收益的增加，竞标人的边际效用递增。凹效用函数表示投资者并不希望冒险而获取更高的收益。随着收益的增加，竞标人的边际效用递减。线性效用函数表示竞标人喜欢收益越多越好，但收益增加为投资者带来的边际效用为一个常数。

二、多属性效用理论

效用函数的加性定理。设在 Y（$Y = Y_1 \times Y_2 \times \cdots \times Y_n$ 且 $Y \subset R^n$）上存在规范化的效用函数 u（y）能描述决策人的偏好，即 $\forall y'$，$y'' \in Y$，$y' \geqslant y''$，当且仅当 $u(y') \geqslant u(y'')$；如果满足属性集 Ψ 加性独立条件，则存在定义在 Y_j 上的实质函数 u_j，$j \in J$，使 $\forall y \in Y$ 有：

$$u(y) = u_1(y_1) + u_2(y_2) + \cdots + u_n(y_n)$$

在多属性情况下直接设定价值函数或效用函数，然后计算各方案的价值或效用函数值，再根据价值函数值和期望效用的大小排列方案的优先序，但事实上，这种做法设定足够精确的价值函数和效用函数存在着种种实际困难。而现有的各种求解多目标和多属性决策问题的方法都或多或少地涉及价值函数或效用函数及其可分解形式的存在性问题。

三、效用理论对智能谈判的作用

为了能将效用理论用于决策，必须求得所有可能后果的效用值。效用值都是通过效用函数给出的。在谈判过程中，经常需要利用效用函数对建议（Proposal）进行评价。当谈判方案涉及的议题和议题选项较多时，谈判者往往很难在众多的方案之间做出明确判断，并且需要对谈判对手提出的难以预见的方案进行迅速评价并做出反应。谈判主体将通过效用函数做全盘的考虑，以追求效用最大化。

现有的各种谈判方法（如基于博弈论的方法、基于启发式的方法、基于辩论的方法、基于案例学习的方法、基于遗传算法的方法等）都是用效用理论来刻画谈判过程中主体的得失。但是，谈判方法不同，效用函数的构造方法也不同。当对方提出建议（或方案）时，主体可依据自身的效用函数来计算其效用值。效用值越高，代表主体对建议的满意度越高；反之，效用值越低，说明主体对建议的满意度越低。

总之，多属性效用理论在谈判系统中有多种应用。第一个应用是作为谈判中决策者的工具，说明和讨论他们的偏好，识别可能的权衡策略，有助于避免情感决策偏差。第二个应用是引出来自所有谈判者的偏好信息，而且使用它识别有 pareto 效率的结果。第三个应用是估计对手的偏好，如他或她的公用效用函数。

第二节 谈判模型中的议题和权重问题分析

一、谈判属性种类和标准化方法

多属性决策问题最显著的特点之一：目标间的不可公度性，因此应对谈判的属性进行规范化处理。以下给出了四类属性（即效益型、成本型、固定型和区间型）的属性值的标准化方法。

1. 属性的种类

（1）属性（准则）按其值是否是数值可分为：定量的和定性的（或称模糊的）。多属性谈判中的方案通常由两类属性规定，即定量属性和定性属性。

（2）属性（准则）按其具体含义可分为：效益型、成本型、固定型和区间型等。效益型属性是指其属性值越大越好的属性；成本型属性是指其属性值越小越好的属性；固定型属性是指其属性值既不能太大，又不能太小，而以稳定在某个固定值为最佳的属性，或者说，其属性值越接近某个值越好的属性；区间型属性是指其属性值以落在某个固定区间为最佳的属性，或者说，其属性值越接近某个固定区间（包括落入该区间）越好的属性。

2. 属性的标准化

属性值的标准化并不总是必要的，但对智能谈判问题来说可能是必不可少的。标准化的目的在于获得可比的尺度。

设 $T=\bigcup_{i=1}^{4}T_i$，其中 T_i（i=1，2，3，4）分别表示效益型、成本型、固定型和区间型属性的下标的集合；x_{ij} 表示第 i 个方案关于第 j 个属性 f_j 的属性值。

Hwang 和 Yoon、Nijkamp 和 Nijkamp 给出了标准化效益和成本型属性的极差变换法式（3-1）和式（3-2）、线形尺度变换法式（3-3）和式（3-4）［或式（3-5）］以及向量标准化法式（3-6）：

$$y_{ij}=(x_{ij}-\min x_{ij})/(\max x_{ij}-\min x_{ij}),\ i\in M,\ j\in T_1 \tag{3-1}$$

$$y_{ij}=(\max x_{ij}-x_{ij})/(\max x_{ij}-\min x_{ij}),\ i\in M,\ j\in T_2 \tag{3-2}$$

$$y_{ij}=x_{ij}/\max x_{ij},\ i\in M,\ j\in T_2 \tag{3-3}$$

$$y_{ij}=\min x_{ij}/x_{ij},\ i\in M,\ j\in T_2 \tag{3-4}$$

$$y_{ij}=1-x_{ij}/\max x_{ij},\ i\in M,\ j\in T_2 \tag{3-5}$$

$$y_{ij} = x_{ij} / \sqrt{\sum_{i=1}^{M} x_{ij}^2}\ ,\ i \in M,\ j \in T_1 \cup T_2 \qquad (3\text{-}6)$$

二、智能谈判中的偏好获取问题分析

1. 偏好获取的困难

（1）偏好获取的限制性。偏好获取模型有很长的历史，可以追溯到 Von Neumann 和 Morgenstern 对期望效用的讨论，并且在这些模型中都必须面对一个所谓的可观察性问题，即偏好的测量是很难的。那些试图在谈判中使用决策是理性的方法，要求获得决策涉及的实体的效用函数的完备知识。西蒙提出了有限理性的概念，并且宣称认知是稀缺的资源。这样在许多情况下，由于结果空间的尺寸和效用获取过程的复杂性，获取偏好的任务是困难的或者是不可行的。进一步讲，基于偏好的方法对于决策者来说是透明的、可理解的并且同时把工作量减少到最小，但是从个人或企业获取偏好的成本是一个严重的“瓶颈”，这个成本可以视为偏好获取机制的计算复杂性。

（2）偏好的动态变化性。传统决策者理性的前提包含这样的事实，即决策者考虑到了决策的所有费用和它们的概率分布。在这样的假设下，决策者的偏好是明显的和稳定的。如果是在有限理性的假设前提下，这将不再是正确的。Von Wright 强调，忽视了具体时间、具体人物的偏好，谈论偏好是没有意义的。特别是在具有强烈信息不对称的复杂的智能谈判中，可以预料到谈判主体在谈判过程中需要的信息和产生新的费用，这样谈判系统必须针对决策者的偏好变化做准备，并且减少决策者适应变化的工作量。

（3）谈判过程中的新议题。在传统的谈判分析中，在谈判各方确切开始谈判时，假设谈判议题已考虑完全。同导致决策者偏好变化的理由一样，显然在真实的谈判中，议题的结构在谈判过程中可能会改变。谈判者在谈判过程中需要新的信息和发现新的可选择方案。这可能导致需要讨论增加以前没有涉及的议题，谈判系统将必须考虑支持这种情况。然而决策问题结构的一个变化，应当导致决策主体最小的工作量，并且部分偏好信息可能会调整。

2. 电子商务中几种常用的偏好（权重）获取方法分析

针对削减偏好获取的认知工作，研究者提出了不同的方法。本书有三个不同的算法性问题需要考虑：初始偏好获取、改变偏好、增加属性。

（1）偏好获取的自我明示法。获取偏好信息最简单的方法是直接询问谈判者。当属性间的相互依赖性被假设忽略不计时，可以分别明确地判定可能的替换方法的每个属性和属性水平。决策者评估每个属性的水平，如在 0~100 愿望范围（假设其他的属性为常量）并且通过分配如 100 个百分点给它们以设定属性的权重。尽管描述性决策理论对此有疑问，但这个自我明示法在有效性方面并不一定次于联合分析技术。然而，偏好等级优先或许也存在偏差，因为决策者不能或者不愿意对方案设定适合的偏好信息。

（2）联合评价方法。联合评价是多属性决策中识别偏好的方法。为了引出偏好信息分解次级步骤，模拟简化购买决策它在 1964 年作为一个数学方法被提出，并且随后被应用到市场研究中。它的模型是假设属性相互间是独立的、可加的、可补偿的。

联合评价技术被广泛且成功地应用在消费者研究中，然而联合分析技术不能处理矛盾的数据令决策者烦恼。因此，Guttman 和 Maes 对联合评价技术作为在零售电子商务综合谈判中偏好获取的唯一机制产生了疑问。

关于联合评价方法的认知复杂性，市场调查显示，即使使用部分因子设计传统的全轮廓联合分析，也被限制在五个或六个属性，这样阻止了决策者的信息过载，以确保结果的有效性。为了克服这个限制，一个多变量的联合分析已经被提出，也包括使用在 Inspire 系统中的混合联合分析模型。这个基本思想是用分解的步骤，丰富了自我明示法，克服联合分析法的限制和自我明示方法的偏差，并且保存了简单性。这个方法的认知复杂性等同于这个自我明示法附加一个常量。

（3）层次分析法（AHP）。层次分析法通过一个层次目标或准则来结构化决策问题，并且根据这个结构形成简易等级级别的一种方法。这个等级级别是以附加模型为基础的。第一步是以这个主要目标开始建立层次，然后连续定义次级准则。针对每一个阶层，有必要获得每个标准的偏好（权重），这个工作是通过成对比较进行的，如准则 a 比准则 b 有多重要。其可能值通常限制在集合［1，3，5，7，9］中，妥协值在［2，4，6，8］中。如果某个准则的子准则的数目为 n，那么必须进行 n（n−1）/2 次比较。如果这个比较是一致的（这意味着如果 a 是 3 倍重要于 b 且 b 是 3 倍重要于 c，那么 a 是 9 倍重要于 c），那么仅有必要做 n−1 次判断，因为其他的可以推导出来。这个比较描述如表 3−1 所示。

表 3−1 AHP 矩阵的示例

	目标 1	目标 2	目标 3
目标 1	W_1/W_1	W_1/W_2	W_1/W_3
目标 2	W_2/W_1	W_2/W_2	W_2/W_3
目标 3	W_3/W_1	W_3/W_2	W_3/W_3

表 3−1 中 W_i/W_j 是权重比率。对于每一个子准则都有一个矩阵。最末等级矩阵目标参照这个子准则评定方案。一个方案是描述完备因素的价值集合，针对这个层次的最末等级的每一个准则存在一个价值对应着方案因素。

（4）几个方法的评价。由于人的认知是一种稀缺资源，所以根据计算的复杂度对这几个方法进行分析评价。偏好获取的自我明示法对于决策者来说是容易理解的，在认知的难度上具有明显的优势。显然它是随着属性和水平的数目呈线性增加，没有任何换算系数：⊙（n）。改变偏好和增加属性对于自我明示法是没有问题的，因为所有的属性可以分别估值，这样可以允许决策者根据需要修改它们的偏好，所有其他的偏好信息可以继续使用。假设改变了两个属性的权重比率，决策者为了使权重保持一个常量，必须针对这两个属性明确修改它们的权重。这一次操作具有确定的认知复杂度：⊙（2）。如果一个新议题被引入这个偏好结构，它的权重必须确定，当然为了保持一个常数，所有的属性权重需要自动调整。然而，这就暗示着在已知的属性之间权重比率没有发生变化：⊙（1）。

为了阻止决策者的信息过载和保证结果的有效性，传统的全轮廓联合分析即使使用了因子分解设计也被限制为五个或者六个属性。由于这个限制，更为复杂的决策问题只能被分流到若干研究解决。假设每个属性有三个属性值在一般由 SPSS 创造的正交设计中，本书可以估计出决策者问题的最坏的计算复杂性，如表 3–2 所示。

表 3–2　偏好获取方法在谈判支持中努力程度的最坏情形

偏好获取方法	多属性的排序	偏好改变	新议题
自我明示法	⊙(n)	⊙(2)	⊙(1)
全轮廓联合分析法	⊙((18^{2}n)/5)	⊙(18^2)	⊙(18^2)
混合联合分析法	⊙(n)+c	⊙(2+c)	⊙(1)+c
层次分析法	⊙(1/2(n^2−n))	⊙(1)	⊙(n−1)

依照同样的分析思路依次分析混合联合分析法和层次分析法，得出的结论如表 3–2 所示。

偏好获取的作用对于智能谈判是非常明显的，应根据我们的应用环境选择相应的方法。一般，混合联合分析法在应用上具有优越性。

第三节 谈判策略的基本决策模型

谈判策略就是主体在一定谈判协议的约束下最大化自身利益的方法。在给定的谈判主体中，策略通过特定的决策模型或战术来实现。

在谈判过程中，主体为了进行决策必须建立多个决策模型，包括建议评估模型、动作选择模型和反建议生成模型。

一、建议评估模型

建议评估模型是谈判策略的基础。它的设计直接影响着谈判策略的选择和最优性。评价一个包含多个议题（既含连续型议题，又含离散型议题的）建议就是评估它的效用值。

定义 3.1：$[x_i^{s_j\min}, x_i^{s_j\max}]$ 表示卖方 j 规定的连续型议题的值域，$[x_i^{b_j\min}, x_i^{b_j\max}]$ 表示买方 j 规定的连续型议题 I_i 的值域；$\Omega_i = \{q_{i_1}, q_{i_2}, \cdots, q_{i_n}\}$为离散型议题的值集合，它列出了卖方和买方可以选择的值。

只有当 $[x_i^{s_j\min}, x_i^{s_j\max}]$ 和 $[x_i^{b_j\min}, x_i^{b_j\max}]$ 存在交集（存在谈判空间）的时候才可能在买卖双方之间达成一致。一般来讲，在卖方的初始建议中，它将设置连续型或数值型议题的值为最大值、离散型或语言型议题的值为最优值：而在买方的初始建议中，它将设置连续型议题的值为最低值、离散型议题的值为最优值。

定义 3.2（建议评估模型）：假设谈判中有 n 个议题，主体 i 给定的议题 I_i 的权重和效用函数分别为 w_j^i、g_j^i，则它们必须满足下面的条件：

$$(1)\ \sum_{j=1}^{n} w_j^i = 1 \tag{3-7}$$

（2）如果议题 I_j 是一个连续型议题，则其效用函数可以定义为一个从 $[x_j^{i,min}, x_j^{i,max}]$ 到 [0，1] 的映射，记为 g_j^i：$[x_j^{i,min}, x_j^{i,max}] \rightarrow [0,1]$。如果议题 I_j 是一个离散型议题，则其效用函数可以定义为一个从 Ω_j 到 [0，1] 的映射，记为 g_j^i：$\Omega_j \rightarrow [0, 1]$。

（3）谈判开始后 t 个时间单位时，从主体 i 到主体 j 建议的效用记为：

$$U(P^t_{Ag_i \rightarrow Ag_j}) = \sum_{m=1}^{n} w_m^j g_m^j \tag{3-8}$$

在谈判过程中，一个主体的动作不仅受对方建议的影响，还可能受许多其他因素的影响，例如，对对手建议的满意程度（效用）、谈判时间、资源的数量、竞争者的数目、对手类型、市场份额、长期合作的可能性等。有时，考虑了市场份额、长期合作可能性等因素的主体在对手建议的效用比其期望值低一些的时候仍然会接受该建议。时间评估模型和供求比模型用于主体对谈判时间和市场上的供求比例进行效用评估的情况。

定义 3.3（时间评估模型）：$U(t) = 1 - k_t\left(\frac{t}{T}\right)$ 为时间的效用，其中 t 是谈判开始后的持续时间，$0<k_t<1$。

定义 3.4（供求比模型）：供求关系用买卖双方数目比来表示，记为 $R(cn, sn) = \frac{cn}{sn}$，其中 cn 和 sn 分别表示买方和卖方的数目。

二、动作选择模型

现有参考文献都把动作选择模型看作谈判协议的一部分。本书认为动作选择应该属于谈判策略的研究范畴。谈判协议仅说明了参与者在谈判过程中必须遵守的规则，例如，特定谈判状态下某类参与者可以执行哪些动作，即哪些动作是合法的。而具体应该选择哪一个动作来执行，则由动作选择模型来决定。与建议评估模型一样，动作选择模型也可以反映参与者对所考虑因素的态度。为了简化模型，本书仅考虑建议效用、供求比例和谈判时间这三个因素。

定义 3.5（动作选择模型）：给定一个建议评估模型和时间评估模型，可以定义动作选择模型如下：

$$Action_t^i=\begin{cases} \text{quit} & \text{if} \quad U(t)=0 \\ & \quad U(P^t_{Ag_j\to Ag_i})\geqslant U(P^{t'}_{Ag_i\to Ag_j})\text{or} \\ \text{accept} & \text{if} \quad (U(P^t_{Ag_j\to Ag_i})<U(P^{t'}_{Ag_i\to Ag_j})\text{and } R(cn,\ sn))\leqslant a \text{ and } U(t)\leqslant\beta \\ \text{counterpropose} & \text{if} \quad U(P^t_{Ag_j\to Ag_i})<U(P^{t'}_{Ag_i\to Ag_j})\text{and } R(cn,\ sn)>a \text{ and } U(t)>\beta \end{cases} \tag{3-9}$$

$$Action_t^i=\begin{cases} \text{quite} & \text{if} \quad U(t)=0 \\ & \quad U(P^t_{Ag_j\to Ag_i})\geqslant U(P^{t''}_{Ag_i\to Ag_j})\text{or} \\ \text{accept} & \text{if} \quad U(P^t_{Ag_j\to Ag_i})<U(P^{t''}_{Ag_i\to Ag_j})\text{and } R(cn,\ sn)\geqslant\omega\text{and } U(t)\leqslant\gamma \\ \text{couterpropose} & \text{if} \quad U(P^t_{Ag_j\to Ag_i})<U(P^{t'}_{Ag_i\to Ag_j})\text{and } R(cn,\ sn)<\omega\text{and } U(t)>\gamma \end{cases} \tag{3-10}$$

式（3-10）说明当一个主体的时间效用为 0（也就是说，已经达到了谈判截止时间）时，它会选择“quit”动作；当还有一段时间才到截止时间且对手刚刚发送过来的新建议的效用大于或等于我方在上一轮谈判（谈判开始 t_1 时间后）中发送给对方的建议的效用，则主体将选择“accept”动作；当还有一段时间才到截止时间且对手刚刚发送过来的新建议的效用小于我方在上一轮（谈判开始 t_1 时间后）中发送给对方的建议的效用，则主体将选择“counterpropose”动作。

由于本书仅考虑了单个因素，所以该选择模型相对比较简单。随着考虑因素的增加，该选择模型会越来越复杂。利用该动作选择模型的原理，可以根据任何一种因素或多个因素的组合来定义不同的动作选择模型。

三、反建议生成模型

当主体综合评估对方建议、时间效用、市场供求比例等因素并选择“counterpropose”动作之后，它将调用反建议生成模型生成一个新建议并发送给对手。给各数值化的谈判议题赋值是提议产生的关键问题。它决定了向谈判对手的让步幅度，也间接地影响着谈判能否成功以及谈判参与者能够获得的效用。在这里，本书借鉴已有研究成果，采用了启发式的方法，因为启发式方法基于合理的假设——信息不完备和资源有限，而且追求可用而不是最优的结局，因此能够得到广泛的应用。

在给各数值化的谈判议题赋值的时候，考虑了若干环境因素，并以这些因素作为启发信息。这些因素包括时间、资源和对手的提议。而且，本书的算法工作分两个层次，一个是整体效用层次，另一个是个体议题层次。具体地说，为了给各数值化的谈判议题赋值，算法首先考察时间、资源和对手的提议，根据这几个因素，计算在整体效用上的让步幅度，这一步不用考虑各议题评价函数的具体形式。其次，根据各议题的权重，将整体让步幅度在各议题上分摊开来。最后，根据各谈判议题上的让步和评价函数，确定给各谈判议题的赋值。

1. 时间依赖的让步（Time-Dependent Concession）

谈判是时间依赖的，而且谈判是有时间限制的，不能无限制地进行。因此，谈判过程中的决策必须考虑时间因素。

在谈判的不同阶段，根据可用时间的多少，谈判参与者可能做出不同的让步。一般来说，时间依赖的让步可以分成三种：

（1）如果谈判参与者希望能够很快地达成一致，它在谈判刚开始的回合中会做出较大幅度的让步。但是，如果在谈判的前期不能达成一致，谈判参与者让步的余地会大幅度减小，它在谈判的后期让步会比较慢。

（2）如果谈判参与者追求较大的效用，它在谈判刚开始的回合中让步幅度会比较小。随着时间门限的临近，谈判失败的概率越来越大，谈判参与者会加大让步的幅度。

（3）谈判参与者在每一回合的让步幅度是一样的。

定义 3.6：U^t 为谈判参与者期望在时刻 t 获得的效用，即谈判参与者在时刻 t 给对手的提议的效用。如果仅仅考虑时间，U^t 计算公式为：

$$U^t=\tau+\left[1-\left(\frac{t}{t_{max}}\right)^{\frac{1}{\varepsilon}}\right]\times(1-\tau),\ \varepsilon>0 \tag{3-11}$$

其中，τ 为满意度门限值，t_{max} 为谈判的时间限制。在谈判开始的时候（$t=0$），谈判参与者给对手的提议其效用是最大值 1。随着时间的流逝，谈判参与者不断地让步，这表现在谈判参与者给对手的提议效用逐渐较少，直至时刻 t_{max} 达到门限值 t。

ε 是一个用户指定的让步速度参数，表征了用户对谈判成功的期望程度：

如果 $\varepsilon>1$，谈判参与者在谈判刚开始的回合中会做出较大幅度的让步，而在谈判的后期让步会比较慢；如果 $0<\varepsilon<1$，那么谈判参与者在谈判初期的回合中让步比较小，而在谈判后期让步比较大；如果 $\varepsilon=1$，则谈判参与者在每一回合的让步幅度是一样的。

那么，如果仅仅考虑时间因素，谈判参与者在 $t+1$（$t_{max}>t$）时刻整体让步幅度为：

$$C_T^{t+1}=U^{t+1}-U^t=\left[\left(\frac{t+1}{t_{max}}\right)^{\frac{1}{\varepsilon}}-\left(\frac{t}{t_{max}}\right)^{\frac{1}{\varepsilon}}\right]\times(1-\tau) \tag{3-12}$$

2. 资源依赖的让步（Resource-Dependent Concession）

谈判是一个计算密集和通信密集的过程，要耗费大量的计算资源和通信资源。因此，谈判参与者在决策的时候，必须考虑当时的可用资源的多少。例如，一个驻留在移动终端上的谈判参与者必须尽量缩短谈判时间，尽力追求谈判成功而不是获得的效用。这是因为，移动终端通常电力供应紧张，处理能力较弱，而且存储空间较小，这些因素造成移动终端计算资源的紧张。而且，移动终端都是通过无线网络连接到互联网，网络带宽不足，延迟大，通信资源也不是非常充足。所有这一切，决定了驻留在移动终端上的谈判参与者不能参与一个时间过长、追求利益最大化的谈判。相反，驻留在固定终端的谈判参与者因为具有较为充足的计算和通信资源，可以通过一个相对较长时间的谈判过程，追求较大的效用。

如果仅仅考虑资源因素，那么谈判参与者在时刻 t+1 在整体效用上的让步幅度可以表示为：

$$C_R^{t+1}=(1-r^{\varepsilon})\times(U^t-\tau),\ r\in[0,\ 1] \tag{3-13}$$

其中，r 是一个表征当前可用资源情况的参数，r 越大，表明可用资源越充足。r 是计算和通信资源，如 CPU、存储器、网络带宽等的函数。如何根据这些因素计算超出了本书的讨论范围，在此不再详述。

根据这个公式，资源越充足（r 越大），则谈判参与者的让步越小；相反，可用资源越少（r 越小），则谈判参与者的让步就越大。

3. 对手依赖的让步（Opponent-Dependent Concession）

在谈判过程中，谈判对手的行为，即提议，也是谈判参与者在决策时必须考虑的重要因素。在现实世界的谈判中，如果对手的提议比较接近自己的心理底线，通常人们会放慢让步的速度，因为对手让步至自己的底线从而使得谈判成功的概率已经相当高了。相反，如果对手的提议与自己的期望相去甚远，则谈判破裂的可能性相当高，为了增大谈判成功的概率，人们通常会做出较大幅度的让步。本书“对手依赖的让步”就是对现实世界中人们的这种行为的模拟。

具体地说，假设谈判对手在时刻 t 的提议效用为 U_c^t，如果仅仅考虑对手的提议，则谈判参与者在时刻 t+1 在整体效用上的让步幅度为：

$$C_P^{t+1}=(\tau-U_c^t)^{\frac{1}{\varepsilon}}\times(1-\tau) \tag{3-14}$$

4. 整体效用的让步

本书已分别给出了单纯考虑时间、资源、对手提议时在整体效用上向谈判对手让步的幅度。但是，为了对环境的变化做出灵活的反应，谈判参与者在决策的时候，必须考虑所有的环境因素。

具体地，本书使用把时间依赖的让步、资源依赖的让步、对手依赖的让步加权相加的方法，来计算谈判参与者在整体效用上的最终让步幅度。在时刻 $t+1$，综合考虑时间、资源和对手的提议，谈判参与者在整体效用上的让步幅度为：

$$C^{t+1}=W_T C_T^{t+1}+W_R C_R^{t+1}+W_P C_P^{t+1} \quad (3\text{-}15)$$

其中，W_T、W_R 和 W_P 分别表示时间、资源、对手提议者三个环境因素在决定向谈判对手让步的幅度时所起作用的比重。而且，这三个权重也是随着时间而动态变化的：

$$W_T=\frac{\alpha t}{\alpha t+t_{max}},\ W_R=\frac{\beta t_{max}}{\alpha t+t_{max}},\ W_P=\frac{\gamma t_{max}}{\alpha t+t_{max}},\ 0\leqslant t\leqslant t_{max} \quad (3\text{-}16)$$

其中，α、β、γ 是用户指定的参数，它们都是正的常数，而且满足 $\beta+\gamma=1$。根据式（3-16），在谈判初期（t 远小于 t_{max}），谈判参与者在决定向对手让步的幅度时，更多地考虑资源和对手的提议。在谈判的时间门限即将来临时，为了增加谈判的成功率，谈判参与者的让步幅度主要取决于时间而不是资源和对手的提议。

5. 给各议题赋值

在时刻 $t+1$，考虑时间、资源和对手的提议，谈判参与者可以决定在整体效用上向对手让步的幅度。为了确定每个数值化谈判议题的取值，谈判参与者必须确定在每个谈判议题上的让步。也就是说，在整体效用上的让步必须被分摊在各谈判议题上。

在谈判议题 a_k 上的让步为：

$$C^{t+1}[a_k]=\frac{1-w_k}{\sum_k w_k(1-w_k)}C^{t+1},\ 1\leqslant k\leqslant n \quad (3\text{-}17)$$

为了计算在各谈判议题上的让步，本书考虑了议题的权重 W_k，这和现实世界中人们的行为是相一致的。人们在谈判的时候，总是在重要的议题上坚持，而在相对次要的议题上做出较大的让步，希望这种让步能够换来在重要议题上的收获。根据式（3–17），谈判议题 a_k 的权重越大，则谈判参与者在 a_k 上的让步就越小；反之，a_k 的权重越小，谈判参与者在 a_k 上的让步就越大。

假设谈判参与者在 t 时刻的提议中，谈判议题 a_k 的效用为$U^t[a_k]$，则在 t+1 时刻的提议中，a_k 的效用为：

$$U^{t+1}[a_k] = U^t[a_k] - C^{t+1}[a_k] \tag{3-18}$$

假设在 t+1 时刻谈判参与者的提议中，对各数值化的谈判议题的赋值向量为 X^{t+1}，a_k 的取值为 X_k^{t+1}，则本书有：

$$v_k(x_k^{t+1}) = U^{t+1}[a_k] \tag{3-19}$$

其中，v_k 是谈判议题 a_k 的评价函数。因为本书没有限制 v_k 的具体形式，因此，可能会有多个 X_k^{t+1} 满足式（3–19）。不妨假设有 m 个，即存在 x_1，x_2，…，$x_m \in d_k$，使得 $v_k(x_i) = U^{t+1}[a_k]$，$1 \leqslant i \leqslant m$。

为了在 x_1，x_2，…，x_m 中做出选择，本书将谈判对手 t 时刻的提议中对 a_k 的赋值 CX_k^t 作为一个启发信息。具体地，本书从 x_1，x_2，…，x_m 中选取 x_j（$1 \leqslant j \leqslant m$），使得 x_j 和 CX_k^t 距离最近，并将 x_j 作为谈判参与者在 t+1 时刻的提议中对数值化的谈判议题 a_k 的赋值。形式化地，有：

$$X_k^{t+1} = \arg\min\{|x_i - cx_k^t|\},\ x_i \in d_k \text{ and } v_k(x_i) = U^{t+1}[a_k] \tag{3-20}$$

之所以如此选择，是基于这样的考虑：X_k^{t+1} 和 CX_k^t 的距离越近，则 X_k^{t+1} 被谈判对手接受的概率就越高。

第四节 基于偏好的智能谈判策略

一、基于偏好的智能谈判策略的基本原理

定义 3.7：如果一个策略 x^* 是 Pareto 最优的，则不存在别的策略 x 使得策略 x 的每个属性值均不劣于策略 x^* 的相应属性，且至少有一个属性值优于策略 x^* 的相应属性值，这就是 Pareto 最优性。

如果用 $X=(x_1, x_2, \cdots, x_n)$ 表示谈判问题的决策变量，用 $f_i(x)$，$i=1, 2, \cdots, p$ 表示谈判问题中所要达到的多个目标，则求解双边谈判问题的实质就是向量最优化问题，即 $\max f(x)=[f_1(x), f_2(x), \cdots, f_p(x)]$。

若 $x'\in X$ 且不存在另外一个可行点 $x\in X$，使 $f_i(x)\geqslant f_i(x')$，$i=1, 2, \cdots, p$ 成立，且至少有一个严格不等式成立，则称 x' 是上式的一个 Pareto 最优解。

定义 3.8：无差异曲线上点的集合 $ISO_a(C)=\{x|U_a(x)=C, x\in X\}$。

给定了一个具有 n 个谈判议题的商品或服务 $x=(x_1, x_2, \cdots, x_n)$ 的效用函数 $U(x)$ 后，对每一个常数 C，$U(x)=C$ 确定了商品或服务空间中的一条无差异“曲线”，准确地说，应该是商品或服务空间中的无差异曲面。

从数学上看，$U(x)=C$ 随 C 改变，是一系列的等值曲面（或曲线）。对具有 n 个谈判议题的商品或服务来说，$x=(x_1, x_2, \cdots, x_n)$ 是 n 维欧氏空间中的一个点，$U(x)$ 反映了一种对商品或服务的特定偏好或要求。在无差异曲面上的点，它们的效用函数值都相同。所以从效用的观点来看，这些点是等效的，表示谈判 Agent 对这些点的偏好相

同。效用函数 U(x) 是 Agent 决策的参考和自身利益最大化的依据。

对于多属性谈判模型，不同的谈判对手对谈判项目的偏好可能不同。可使用效用理论中分派各属性权值大小代表其偏好，$i \in (1, 2, \cdots, I)$ 表示谈判的参与者，$j \in (1, 2, \cdots, J)$ 表示谈判项目内容的属性，那么各参与方的报价合同效用值为：

$$V_i = \sum_{j=1}^{J} V(x_j) \tag{3-21}$$

其中，$V(x_j)$ 为参与者 i 在合同中各属性报价 x_j 的效用值。式（3-21）表明在合同效用值确定的情况下，如果其中某些属性的效用值大，那么其余属性效用值就小。也就是假定各属性之间不存在内在联系，但这与实际情况不符，如价格和性能，一般情况下性能好的，价格必然高。因此，为了准确地描述谈判者的偏好，对于没有内在联系的属性可使用式（3-21）计算，而对于存在内在联系的属性必须引入关联系数，如价格性能比，此时式（3-21）修正为：

$$V_i = \sum_{j \in P} V(x_j) = \sum_{j \in Q} V(x_j)(1 + \sum_{k}^{K} nk) \tag{3-22}$$

其中，P 为相互独立的属性集合；Q 为与其他属性有内在联系的集合，但 Q 集合中各元素独立；nk 为与 j 属性有联系的其他属性的关联系数。

对于某一特定的属性值 x_j，其效用函数计算式还应细分。

当随着 x_j 增大其效用值增大时，其计算式为：

$$V(x_j) = (x_j - xmin)/(xmax - xmin) \tag{3-23}$$

当随着 x_j 增大其效用值减少时，其计算式为：

$$V(x_j) = (xmax - x_j)/(xmax - xmin)$$

谈判双方采用多轮轮番报价方式，在每一轮谈判中，所有参加谈判的 Agent 报价时，都不降低己方效用值，而是选择一个对对方来说效用值最大的合同作为己方报价，也就是基于对方的偏好报价，这样才有可能快速地使谈判成功，也可以保证最终的谈判结果使双方联合效用最大，接近 Parreto 最优。

二、权重信息未知的基于偏好的空间搜索谈判策略

1. 属性相似度

定义 3.9（效用层次曲线）：

参加谈判的 Agent 针对某一效用值 H，在所有合同集合中，效用值等于 H 的合同所组成的曲线称为 Agent 在效用值 H 层次的效用曲线，其数学表达式为 $L(H)=\{x|V(x)=H\}$。

在谈判过程中，由于 Agent 无法知道对方的效用函数，无法准确地确定哪个合同能使对方的效用值最大，因此只能从对方报价合同中受到启发，从合同集合中选择一个与对方报价合同最相似的作为己方报价合同。

定义 3.10：假设 Agent S 对 Agent B 提供的报价合同为 x，所对应的效用层次曲线为 L（x），Agent B 对 Agent S 的反报价合同为 y，那么基于 Agent B 的偏好 y，Agent S 的报价合同为：

$$P_{s\to b}=\max_{z\in L(H)}\{sim(z,\ y)\} \tag{3-24}$$

其中，合同相似度 sim 定义为各属性相似度乘以权值的线性累加和。

定义 3.11：合同相似度定义基于谈判属性集合 J 的两个报价合同 x 和 y，其相似度定义为：

$$sim(x,\ y)=\sum_{j\in J}w_j\,sim_j(s_j,\ y_j) \tag{3-25}$$

其中，$\sum_{j=1}^{J}w_j=1$，sim_j 为属性 j 的相似函数；w_j 的大小反映了 Agent 对各属性关心的程度，也就是其偏好。但偏好是私有信息，其他 Agent 并不知道，只能在谈判过程中根据已有的交互数据学习获得。

定义 3.12（属性相似度的定义）：属性按其数据类型可分为连续型和离散型，像价格、供货日期等属于连续型，而颜色、性能和款式为离散型。对于连续型属性本书只考虑其自身特性；而对于离散型数据，应根据具体行业标准考虑其多个特性，如颜色，本书考虑三个特性：色相、饱和度和明度，分别计算其相似度，选择其最小值作为该属性的相似值。下面先定义单个特性相似度，然后定义属性相似度。

对于一个特定的谈判域，假定某属性 i 有 n 个特性，其最大值分别为 T_1，T_2，…，T_n，那么对两个合同（x，y）中属性 i 的特性 j，其相似度可定义为：

$$sim(x, y)_{ij} = |x_{ij} - y_{ij}| / T_j \tag{3-26}$$

属性的相似度可定义为：

$$sim(x, y)_i = \min[sim(x, y)_{ij}] \quad (j = 1, 2, \cdots, n) \tag{3-27}$$

2. 权值信息逐轮淘汰法

Agent 在计算两个报价合同的相似度时，需要知道对方的权值 W，而对方的权值信息是私有的。为此，模型设定双方在开始谈判前必须构造一个集合，集合中包含了对手所有可能的权值序列。在每一轮谈判中，随机选取集合中的任一组权值 W_i 进行报价，根据对方反报价对己方的效用，判定 W_i 与对方实际权值 W 的相似度。由于对方报价受对方选用权值（对方对己方权值估算）的影响，因此最大效用值所对应的 W_i 未必是与对方实际权值最相似的，但最小效用值所对应的 W_i 肯定不是与对方实际权值最相似的，本轮谈判结束后被淘汰。经过多轮谈判后，选出与对方实际权值最相似的 W_i 进行后续报价谈判。显然这样选择出的权值与实际权值 W 大小次序一致。当选用权值与对方实际权值很近似或大小次序一致时，就能搜索出较好的报价合同。

3. 谈判策略

由上面的谈判原理可以知道，Agent 在报价时，可在不降低己方效用层次的情况下，依据对方报价，选择与对方偏好最相似的合同作为己方报价。但如何在巨大的多维谈判空间中（因为谈判属性是多维的）选择最接近对方偏好的合同呢？类似深度优先或宽度优先的穷举法搜索技术可能无法在可行时间限度内找到解。

本策略采用启发式搜索算法。启发式算法由两部分组成：启发尺度和使用这个尺度搜索空间的算法。在谈判系统中，启发尺度就是双方报价合同效用值的差值 S = V（Y）– V（X）；搜索算法可以这样设计，考虑到谈判双方轻易不愿降低己方的效用层次，可采用一种被称为爬山（Hill Climbing）的搜索技术。爬山策略是指在搜索过程中先横向扩展当前状态，然后再评估它的子代，而后选择最佳的子代做纵向扩展。在这个过程中既不保留它的兄弟姐妹，也不保留它的双亲。当纵向搜索到达搜索尺度时，选择最佳的子代 X′（与对方偏好最接近的子代）作为报价合同（搜索过程见图 3–1）。

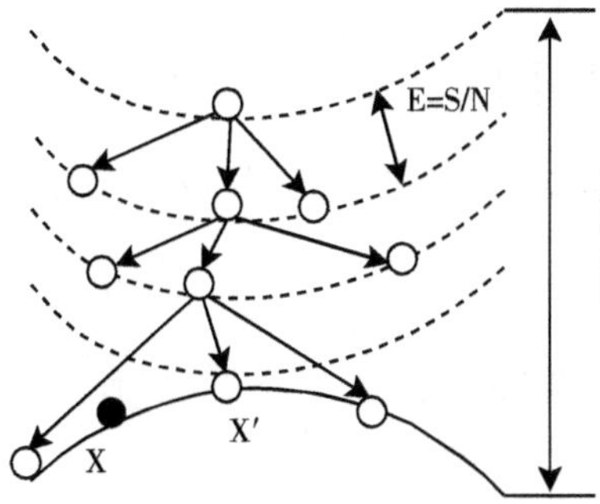

图 3–1 爬山式搜索算法

在图 3–1 中，假定买方报价为 X，卖方反报价为 Y，在不降低己方效用层次的情况下，买方使用搜索算法查找等效用的报价 X′，但越接近卖方的偏好报价 Y，越能提高卖方效用值。由于买方一次使用启发尺度 S 可能得不到最优解，因此买方进行分步搜索（假定分 N 步），那么每步的启发尺度 E = S/N，在每一步中随机生成 K 个子代，其效用值是等价的，然后选择最佳的子代（与卖方报价 Y 最相似的子代）作为种子，再次随即生成 K 个子代（其效用值等价，但比上一步 K 个子代的效用值增加了 E)，反复迭代，直至最后选择的最佳子代 X′与买方报价 X 效用等价。

4. 随机生成算法

在生成报价之前，先要判定对方报价 X 的各属性值 X_j 是否超越己方上下限，这是因为面向超越己方上下限的对方报价，搜索己方报价是没有意义的。如果超过上下限，则修正对方报价：

$$X^j = \begin{cases} Y^j_{max}(1-k) & [X^j(i) < Y^j_{min}] \\ Y^j_{min}(1-k) & [X^j(i) > Y^j_{max}] \end{cases} \tag{3-28}$$

其中，Y^j_{max} 为己方谈判项目属性 j 的上限，Y^j_{min} 为下限；K 的取值范围为 [0.01，0.05]。假定搜索算法在某一步最好的子代为 Y_j，启发尺度为 E，则随机生成算法计算步骤如下：

计算 Y_j 与合同 X 各属性 i 的效用差距 VE(i)。

初始化：K = 0；$E_n = 0$。

在 [0，VE(i)] 范围内，随机生成 I 个值 RE (I，k)，$E_n = E_n + \sum_{i \in I} W_i R_E(i, k)$，如 $E_n < E$，$V_E(i) = V_E(i) - R_E(i, k)$，$k = k + 1$，转 (3)；否则，执行 (4)。

计算各属性最后的增加量：

$$E_E(i) = \sum_{k=1}^{K} R_E(i, k)$$

按比例缩小 E_E (i)，缩小后的 E_E (i) 按 W_i 求线性累加和等于 E，$E_E(i) = E_E(i)E/E_n$。

根据效用增加量 E_E (i) 及上一步最好的子代 Y_j，计算下一步的一个子代，$Y^{j+1}(i) = v_i^{-1}\{V_i[Y^J(i) + E_E(i)]\}$。

运行以上算法可生成一个子代。如果 Agent 分 N 步搜索，每步生成 S 个子代，那么整个搜索过程需要 NS 个子代，即调用该算法 NS 次。

5. 案例

本书模拟双边谈判系统，假设系统有卖方 Agent S、买方 Agent B，为简单起见，假定谈判项目有三个属性，分别为商品价格 p、购买数量 m 和供货日期 d，双方私有信息及谈判域公共信息如表 3-3 所示。

表 3-3　谈判双方及谈判域信息

双方私有信息					公共信息
	卖方		买方		
项目属性	范围	权值	范围	权值	最大域值
p	800~1600	0.8	700~1500	0.1	2000
m	40~120	0.1	30~110	0.6	200
d	5~18	0.1	4~16	0.3	20

假设双方初始报价分别为 $S_p=1450$，$S_m=100$，$S_d=15$；$B_p=900$，$B_m=60$，$B_d=6$。在下面的单次报价实验中，为了确保生成报价的有效性，假定对方报价属性上下限已知，而在多轮谈判实验中，双方每轮报价之前根据己方上下限修订对方报价，确保谈判结果的有效性，因此双方报价属性上下限私有是完全可行的。

（1）每步产生的子代数对搜索结果的影响。从卖方 Agent S 角度出发，搜索步长为 20，每步产生的子代数分别为 5、100 和 200。实验首先计算出卖方报价对己方和买方的效用分别为 0.802 和 0.132，搜索的目的就是发现一个报价 S，对卖方效用仍为 0.802，而能提高买方的效用 V，实验结果如表 3-4~表 3-6 所示。

表 3-4　搜索步长 20，每步 5 个子代

	p	d	m	V
1	1480.622	11.195	98.916	0.284
2	1474.551	11.896	99.461	0.248
3	1477.868	11.947	96.492	0.256
4	1469.909	11.260	107.089	0.252
5	1484.303	11.208	95.890	0.294
6	1485.417	10.862	97.134	0.307
7	1473.230	10.730	107.694	0.276

续表

	p	d	m	V
8	1472.110	11.601	103.227	0.249
9	1482.109	10.763	100.387	0.300
10	1479.835	11.598	97.065	0.271
平均值	1477.995	11.306	100.335	0.274

从表 3-4~表 3-6 中可以看出，在搜索步长相同的情况下，每步产生的子代越多，搜索的结果越接近对方报价偏好，越能提高对方的效用。

（2）步长对搜索结果的影响。从理论上讲，当每步产生的子代数足够大时，就能取得较好的搜索结果。由于受随机因素的影响，步长较小时搜索结果比较发散。下面通过实验说明步长对搜索结果的影响。对比表 3-6 和表 3-7 发现，在每步子代数相同，步长为 1 时，其效用值比较发散，也就是说每步子代数相同时，步长越大搜索结果越稳定。

表 3-5　搜索步长 20，每步 100 个子代

	p	d	m	V
1	1497.142	10.663	88.975	0.346
2	1499.303	10.501	88.246	0.357
3	1497.150	10.289	91.271	0.356
4	1499.036	11.057	85.038	0.341
5	1499.273	10.477	88.413	0.357
6	1499.313	10.914	85694	0.346
7	1499.494	11.234	83.581	0.337
8	1499.518	10.748	86.553	0.351
9	1498.249	10.890	86.696	0.343
10	1499.160	10.708	87.083	0.351
平均值	1498.764	10.748	87.155	0.348

表 3-6 搜索步长 20、每步 200 个子代

	p	d	m	V
1	1499.030	10.894	86.045	0.345
2	1497.698	10.284	90.861	0.358
3	1498.442	10.364	89.774	0.358
4	1498.735	10.645	87.813	0.351
5	1499.290	10.270	89.675	0.363
6	1499.738	9.919	91.475	0.374
7	1499.320	10.961	85.402	0.344
8	1497.909	10.933	86.698	0.341
9	1498.751	10.284	90.023	0.361
10	1497.848	10.554	89.085	0.351
平均值	1498.676	10.511	88.685	0.355

（3）双方效用权值对搜索结果的影响。Agent 在计算两个报价合同的相似度时，需要知道对方的效用函数权值。为了避免因子代数不足影响搜索结果的精度，下面的实验采用步长 20、每步 200 个子代的参数，权值信息分三种情况：①权值完全公开，实验数据如表 3-7 所示；②权值大小次序公开（假定分别为 0.1，0.7，0.2）；③权值信息不定（假定各为 1/3，1/3，1/3），实验结果如表 3-7 所示。从表 3-7 和表 3-8 中可以看出，使用效用权值公开时搜索的结果最好，权值大小次序公开时，搜索结果非常接近权值公开的搜索结果；权值信息不定

表 3-7 搜索步长 1，每步 200 个子代

	p	d	m	v
1	1469.691	14.701	86.088	0.158
2	1438.101	19.853	57.424	0.150
3	1474.551	11.896	99.461	0.248
4	1470.772	14.710	85.166	0.161
5	1468.136	14.878	86.240	0.149
6	1469.592	15.053	83.999	0.149
7	1472.110	11.601	103.227	0.249
8	1470.761	14.902	83.995	0.156
9	1470.852	15.074	82.863	0.152
10	1468.404	14.853	86.180	0.151
平均值	1467.297	14752	85.464	0.172

表 3-8 权值信息对搜索结果的影响

	权值大小次序公开				权值信息不定			
	p	d	m	V	p	d	m	v
1	1499.719	10.873	85.621	0.348	1499.631	10.600	87.373	0.355
2	1499.276	10.731	86.850	0.350	1498.116	10.576	88.734	0.351
3	1498.366	10.490	89.063	0.354	1499.794	11.201	83.544	0.339
4	1498.375	10.598	88.390	0.351	1498.723	10.642	87.842	0.351
5	1498.551	10.182	90.806	0.363	1498.569	10.897	86.391	0.344
6	1498.732	10.335	89.725	0.359	1498.362	11.121	85.180	0.337
7	1498.958	10.595	87.939	0.353	1499.422	11.440	82.372	0.332
8	1498.033	10.767	87.583	0.346	1497.284	11.430	84.140	0.326
9	1498.285	11.066	85.583	0.338	1498.997	11.541	82.090	0.328
10	1498.140	10.926	86.557	0.342	1499.175	11.021	85.145	0.342
平均值	1498.643	10.656	87.815	0.351	1498.807	11.047	85.281	0.134

时搜索结果较差，但仍然比原报价的效用值提高了很多。实验充分说明，使用爬山式搜索算法时，即使不知道对方效用权值，只需知道对方效用权值大小次序，也可以搜索出较好的报价合同，提高对方效用，这进一步说明了在多轮谈判中，使用权值信息逐轮淘汰法具有可行性和有效性。

（4）效用降低函数与谈判结果。当谈判双方经一轮谈判不能达成协议而进入下一轮谈判时，一方或双方需要降低己方的效用值，为了尽可能取得谈判结果，并使联合效用值最大，接近 Parreto 最优，双方每次降低的效用值很小，如 0.01，但这样做的代价是谈判时间加长、通信次数增多。在下面的实验中，起初为每方设置了 15 组权值，覆盖了 3 个权值所有可能的分布情况，每轮报价 10 次，每次随机抽取 1 组，使用式（3–25）计算与对方最相似的报价，每轮结束时计算每次报价的回报效用值，淘汰最低效用值所对应的权值，双方降低效用 0.01 进入下一轮谈判，直至谈判结束。

谈判结果如下：权值信息分别为卖方 p（0.8）、m（0.1）、d（0.1）；买方 p（0.1）、m（0.6）、d（0.3）。谈判结果（取整）：权值公开时：p=

1500，m = 69，d = 5，卖方效用 = 0.736，买方效用 = 0.702；权值私有时：p = 1500，m = 60，d = 6，卖方效用 = 0.732，买方效用 =0.699。分析谈判结果不难发现，由于卖方的偏好在价格（权值 0.8），买方的偏好在数量和供货日期（权重分别为 0.6 和 0.3），因此最后谈判结果 p = 1500 接近买方最高限价，购买数量只有 69（权值私有时为 60），供货日期为 5（权值私有时为 6），都比较低，接近买方初始报价（60 和 6），实验结果与理论分析相符。权值信息不完备（权值信息私有）时，在谈判的前几轮，由于只是从权值集合中随机抽取，同样的效用降低曲线，对方效用的增加量处于波动状态。随着谈判的进行，与对方实际权值误差较大的权值被剔除，双方报价对对方效用的增加量逐渐增大，直至剩下最后一个与对方实际权值最相似的权值时，对方效用增加曲线不再波动。显然是由于权值信息私有时，需要有学习过程，因此谈判时间延长。从谈判结果可以看出，两种情况谈判结果非常接近，充分说明了此谈判模型的可行性和有效性。

三、权重已知的基于偏好的多目标权衡谈判策略

1. 引言

搜索式策略的实施效果要受到许多因素的影响，如每步产生的子代数、步长等。当然在这些因素处理得当的情形下，该策略实施也会获得很好的谈判结果。但是搜索式策略有一个明显的缺点，即工作量大。在已知对方偏好权值的情况下，可以考虑使用算法简单明了的方法。

因此，结合 Package Deal 谈判和顺序谈判，本书提出了一个基于偏好的多目标权衡谈判策略。该策略采用外生议程确定属性的谈判顺序，即采用 Fershtman 中的思想，先谈判对自己最不重要而对对方最重要的问题；在 Offer 的评价和生成机制中，采用 Package Deal 谈判的方法，即 Offer 中包含多个属性，当某个属性已经达成一致后，后面的谈

判忽略该属性；具体做法是将 n 个属性按照重要的性进行排队，分 n 步进行谈判，每一步针对一个属性进行让步（对对方最重要的属性最先谈判，因为，对对方最重要属性的让步能导致对方对我方重要属性的让步，而且会加速谈判进程）；最终，在第 n 步谈判结束时，所有的属性都谈判完毕，得到一个双方都满意的解或因为某个属性 j 的谈判失败而在第 j 步退出谈判过程。该策略具有如下优点：①能克服局部交易的退化问题；②能克服局部约束的破坏问题；③能避免重要属性作用被埋没的问题，既适合简单 Contract，也适合复杂 Contract；④结合了 Package Deal 谈判和顺序谈判的优点，具有收敛速度快、解的质量高（考虑了属性之间的依赖关系）等优点。

2. 基本概念

在很多时候，谈判是关于多个属性的。关于多属性谈判有两种谈判方法，Package Deal（PD）谈判和顺序谈判。PD 谈判将所有属性捆绑在一起同时进行谈判，这种方法允许 Agent 在不同属性间进行权衡，但需要复杂的计算。顺序谈判计算简单，是指一个属性接着一个属性的谈判。尽管顺序谈判降低了谈判过程的计算复杂性，但导致的一个重要问题是属性应该以何种顺序进行谈判，这个顺序称为谈判议程。

有两种定义谈判议程的方法：外生方法和内生方法。如果议程在谈判过程开始之前确定，称为外生议程；如果属性达成一致的顺序在谈判过程中确定，称为内生议程。

定义 3.13（提议）：具有 n 个属性的提议表示为向量 $X=(x_1, x_2, \cdots, x_n)$，$x_i$ 表示属性 i 的值，每个 x_i 属于一个连续的闭区间 $[min_i, max_i]$。

定义 3.14（属性值的评价）：令 $X=(x_1, x_2, \cdots, x_n)$ 表示提议，x_i $(1\leq i\leq n)$ 表示属性 i 的值，闭区间 $[min_i, max_i]$ 表示属性 i 的取值范围，属性值 x_i 的评价 $v(x_i)$，$0\leq v(x_i)\leq 1$，定义为：

$$v(x_i)=\begin{cases}\dfrac{max_i-x_i}{max_i-min_i} & x_i \text{增加，} v(x_i)\text{减少}\\ \dfrac{x_i-min_i}{max_i-min_i} & x_i \text{增加，} v(x_i)\text{增加}\end{cases} \tag{3-29}$$

定义 3.15（可接受属性值）：令 $X=(x_1, x_2, \cdots, x_n)$ 表示待发送提议，$X'=(x'_1, x'_2, \cdots, x'_n)$ 表示来自对方的提议，Acceptable (x'_1) $(1\leqslant i\leqslant n)$ 定义为：

$$Acceptable(x'_1)=\begin{cases}1 & v(x'_1)\geqslant v(x_i)\\ 0 & v(x'_1)<v(x_i)\end{cases}$$

定义 3.16（可接受提议）：令 $X'=(x'_1, x'_2, \cdots, x'_n)$ 表示一个 Offer，Acceptable (X') 定义为：

Acceptable (X') = Acceptable (x'_1) ∧ Acceptable (x'_2) ∧ … ∧ Acceptable (x'_n)

定义 3.17（消息类型）：令 $M^t_{s\to b}$ 表示卖方 s 在时刻 t 发送给买方 b 的消息，共有三种形式，Accept、Reject、Offer。Accept 表示卖方接受买方的提议；Reject 表示卖方结束与买方的谈判过程；Offer 表示卖方发送给买方的一个提议。

定义 3.18（动作）：令 $X^t_{s\to b}$ 表示卖方 s 在时刻 t 给买方 b 的 Offer，T^b 表示 Agent b 在所有属性上都达成一致的时间期限，Agent b 在时刻 t′的动作 A^b $(t', X^t_{s\to b})$ 定义为：

Quit if $t'>T^b$ or $=M^t_{s\to b}$ Accept or $M^t_{s\to b}$ = Reject

Accept if Acceptable $(X^t_{s\to b})$

Offer $X^{t'}_{s\to b}$ if NOT Acceptable $(X^t_{s\to b})$

定义 3.19（信息状态）：Agent a 的信息状态 I^a 定义为 $I^a=<RP^a, T^a, W^a>$。其中，$RP^a=\{[min^a_1, max^a_1], [min^a_2, max^a_2], \cdots, [min^a_n, max^a_n]\}$（n 为谈判的属性个数），表示 Agent a 中所有属性的取值区间构成的集合；T^a 表示 Agent a 在所有属性上都达成一致的时间期限，即在此期限

之前所有属性都达成一致，否则谈判过程结束；$\left(\sum_{i=1}^{n} w_i^a = 1\right)$表示由属性的权值构成的集合（假设属性已经按照重要性从低到高的顺序排好序，则 W^a 中元素升序排列）。

因此，买方 b 的信息状态 I^b 定义为：

$I^b = <RP^b, T^b, W^b>$

其中，

$RP^a = \{[min_1^b, max_1^b], [min_2^b, max_2^b], \cdots, [min_n^b, max_n^b]\}$

$W^a = \{w_1^b, w_2^b, \cdots, w_n^b\}$，$\left(\sum_{i=1}^{n} w_i^b = 1\right)$

定义 3.20（n 步议程）：一个 n 步议程是一个关于谈判过程的 n 阶段（步）分解（包括对谈判属性的分解和谈判时间的分解）和一个关于属性谈判次序的说明。

首先，属性 $i \in \{1, \cdots, n\}$ 分成 n 个阶段进行谈判，每个阶段包含一个属性，包含对方最重要属性的阶段为第一阶段，包含最次要属性的阶段为第 n 阶段。

谈判按下列次序进行：

S1：对第一阶段（最重要的属性）进行谈判，谈判时间期限为 $t_{max}^1 = w_1^a \times T^a$；

S2：对第二阶段（第二重要的属性）进行谈判，谈判时间期限为 $t_{max}^2 = w_2^a \times T^a$；

…

Sn：对第 n 阶段（最次要的属性）进行谈判，谈判时间期限为 $t_{max}^n = w_n^a \times T^a$。

每一步谈判进行多个回合，直到对当前属性达成一致。如果某步谈判有时间剩余，则将剩余的时间分给下一个待谈判属性。如果某步谈判失败，则终止谈判过程，谈判以失败结束。

定义 3.21（部分接受策略）：在这个策略下，Offer 最初是一个完整的 Package，包含所有的属性，Agent 可以接受或拒绝整个 Package，也可以接受部分属性的值。如果 Agent 接受了某些属性的值，则这些属性将不再被谈判。

定义 3.22（局部交易）：由所有已经达成一致的属性构成的集合，称为局部交易。第 j 步第 k 轮谈判得到的局部交易定义为：

$LD_j^k = LD_j^{k-1} \cup \{i \in n \mid x_i \in X_{prop}, x'_i \in X_{rec}, v(x'_i) \geqslant v(x_i)\}$，n 是属性的个数，$X_{prop} = (x_1, x_2, \cdots, x_n)$ 为待发送提议，$X_{rec} = (x'_1, x'_2, \cdots, x'_n)$ 为对方的提议，$v(x_i)$ 和 $v(x'_i)$ 分别是 x_i 和 x'_i 的评价函数值。第 j 步开始时的局部交易定义为 $LD_j^0 = LD_{j-1}^r$，LD_{j-1}^r 为第 j–1 步谈判结束时的局部交易，r 为第 j – 1 步的最后一轮谈判。当 $LD_1^0 = \phi$，局部交易中的属性将不再被谈判。

定义 3.23（全局交易）：当局部交易包含所有的谈判属性时，称为全局交易。

定义 3.24（局部交易值向量）：第 j 步第 k 轮谈判得到的局部交易值向量定义为：$U_j^k = U_j^{k-1} \cup \{x'_i \mid x_i \in X_{prop}, x'_i \in X_{rec}, v(x'_i) \geqslant v(x_i)\}$，$X_{prop} = (x_1, x_2, \cdots, x_n)$为待发送提议，$X_{rec} = (x'_1, x'_2, \cdots, x'_n)$为对方的提议，$v(x_i)$ 和 $v(x'_i)$ 分别是 x_i 和 x'_i 的评价函数值。运算符∪的含义为将向量 U_j^{k-1} 中第 i 个分量的值替换为 x'_i 构成 U_j^k。第 j 步开始时的局部交易值向量定义为 $U_j^0 = U_{j-1}^r$，U_{j-1}^r 是 j–1 步谈判结束时的局部交易值向量，r 为第 j – 1 步的最后一轮谈判，U_1^0 为初始提议。

定义 3.25（反提议）：第 j 步第 k 轮谈判的反提议定义为 $X_j^k = U_j^{k-1} \cup x_j$，运算符∪的含义为将向量 U_j^{k-1} 中第 j 个分量的值替换为 x_j 构成 X_j^k，x_j 的确定采用时间依赖策略。

3. 谈判算法

谈判议程采用外生议程与内生议程相结合的方式，外生议程采用 n 步议程方法，内生议程采用部分接受策略，由部分接受策略产生局部交易，当局部交易转变成全局交易时，谈判过程结束；如果关于某个属性 j 的谈判阶段达到最大时间期限 $t^j_{max} = w^a_j \times T^a$ 时仍未达成一致，则谈判失败。

假设买方和卖方分别是 Agent a 和 Agent b，谈判属性为 n 个，双方属性权重分别为 $W^a = \{w^a_1, w^a_2, \cdots, w^a_n\}$ 和 $W^b = \{w^b_1, w^b_2, \cdots, w^b_n\}$。如果买方知道对方的序偏好，如 $w^b_1 \geqslant w^b_2 \geqslant, \cdots, \geqslant w^b_n$，买方的外生议程采用 n 步议程方法，谈判属性顺序为 $x_1, x_2, \cdots, x_n$。如果买方知道对方的基数偏好，计算 $\frac{w^b_i}{w^a_i}$（i = 1，…，n）。$\frac{w^b_i}{w^a_i}$ 排序结果如 $\frac{w^b_1}{w^a_1} \geqslant \frac{w^b_2}{w^a_2} \geqslant, \cdots, \geqslant \frac{w^b_n}{w^a_n}$，买方的外生议程采用 n 步议程方法，谈判属性顺序为，$x_1, x_2, \cdots, x_n$。

买方算法 Buyer（n）[n 为属性个数，j 表示谈判步数，t 表示每一步的谈判时间，k 表示每一步的谈判轮数，$M_{s \to b}$ 为卖方发给买方的提议，flag 是谈判是否结束的标识]。

{

j = 1；t = 0；k = 1；$LD^0_1 = \phi$；flag = 0；//进入第一步第一轮谈判

While j ≤ n do

{

If $j \in LD^0_1$ then {$t^{j+1}_{max} = t^{j+1}_{max} + t^j_{max}$；j++；$U^0_j = U^0_{j-1}$；$LD^0_j = LD^0_{j-1}$；t = 0；k = 1} //如果属性 j 已经达成一致，将第 j 步的时间给 j + 1 步，并进行初始化

Else

{

If j = 1 then {发送初始提议 X 给对方，等待对方回复；$U^0_1 = X$；}

Else 对属性 j 进行让步得到 x_j，生成一个提议 $X_{prop} = U^{k-1}_j \cup x_j$；

发送给对方，等待回复；

对属性 j 进行让步得到 x_j，生成一个待发送提议 $X_{prop}=U_j^{k-1}\cup x_j$；

While $t\leqslant t_{max}^j$ do

{

If $M_{s\to b}$ = accept or $M_{s\to b}$ = reject then {flag = 1; exit}

$X'=M_{s\to b}$;

$LD_j^k=LD_j^{k-1}\cup\{i\in n|x_i\in X_{prop},\ x'_i\in X',\ v(x'_i)\geqslant v(x_i)\}$;

If $|LD_j^k|=n$ then {发送 accept 给对方；flag = 1；exit;} //如果达到全局交易，则谈判结束

$U_j^k=U_j^{k-1}\cup\{x'_j|x_i\in X_{prop},\ x_i^i\in X',\ v(x'_i)\geqslant v(x_i)\}$;

if Acceptable (x'_j) then

{

$t_{max}^{j+1}=t_{max}^{j+1}+(t_{max}^j-t)$；//将第 j 步剩余的时间给第 j + 1 步

$j=j+1$；$U_j^0=U_{j-1}^k$；$LD_j^0=LD_{j-1}^k$；$t=0$；$k=1$；

Exit；//跳出内层 while 循环，进入第 j + 1 步谈判

}

else

{

发送 X_{prop} 给对方，等待回复；

k++；t++；

对属性 j 进行让步，生成一个提议 $X_{prop}=U_j^{k-1}\cup x_j$

}

} //内层 while 循环

}

If flag = 1 then exit;

If $t>t_{max}^j$ then {发送 reject 给对方；exit;}

} //外层 while 循环

}

4. 案例及分析

买方和卖方即 Agent a 和 Agent b 针对纺织品的颜色、用料、价格和交货时间进行谈判。虽然颜色和用料是离散决策变量，但为了简化都作为连续变量处理。双方变量的取值区间为：

Dc = [0，5]；

Dm = [0，4]；

Dp = [30 元，70 元]；

Dd = [5 天，15 天]。

买方和卖方对决策变量颜色、用料、价格和交货时间的权重分别为 $W^a = [0.35，0.15，0.45，0.05]$ 和 $W^b = [0.10，0.15，0.40，0.35]$，效用的评价函数使用线形函数，如下所示：

$$V_c^a(x) = \frac{x}{5} \qquad V_c^b(x) = \frac{5-x}{5}$$

$$V_m^a(x) = \frac{x}{4} \qquad V_m^b(x) = \frac{4-x}{4}$$

$$V_p^a(x) = \frac{70-x}{70-30} \qquad V_p^b(x) = \frac{x-30}{70-30}$$

$$V_d^a(x) = \frac{15-x}{15-5} \qquad V_d^b(x) = \frac{15-x}{15-5}$$

（1）假设买卖双方仅知道对方的序偏好，买卖双方都使用基于偏好的多目标权衡策略，并且使用固定让步策略，每次让步效用为 0.05。

双方的谈判过程如表 3–9 所示。

根据买方算法 Buyer（n），谈判应该分三步进行。

谈判过程如下：

第一步对价格属性进行谈判。初始提议为 U_1^0 = (5，4，30，5)，谈判进行到第五轮，价格属性达成一致。

表 3-9 序偏好已知的双方谈判过程

T	买方	T	卖方
	X (x_1, x_2, x_3, x_4,) 0.35, 0.15, 0.45, 0.05		Y_i (y_1, y_2, y_3, y_4) 0.10, 0.15, 0.40, 0.35
	5, 4, 30, 5		0, 0, 70, 15
1	5, 4, 34.444, 5	2	0, 0, 65, 15
3	5, 4, 38.889, 5	4	0, 0, 60, 15
5	5, 4, 43.333, 5	6	0, 0, 55, 15
7	5, 4, 47.778, 5	8	0, 0, 50, 15
9	5, 4, 50, 10	10	2.5, 0, 50, 15
11	5, 3.333, 50, 15	12	5, 0, 50, 15
13	5, 2, 50, 15	14	5, 1.333, 50, 15
15	5, 1.333, 50, 15	16	
17		18	
19		20	
V (X)	0.6249875		0.6500125

第二步对交货期属性进行谈判。当谈判进行到六轮时，交货期属性达成一致，同时颜色属性也达成一致。

第三步对用料属性进行谈判。当谈判进行到第八轮时，用量属性达成一致。

由于颜色属性在第二步第六轮时达成一致，至此全部谈判达成一致，谈判结束。

（2）假设买卖双方仅知道对方的基数偏好，买卖双方都使用基于偏好的多目标权衡策略，并且使用固定让步策略，每次让步效用为0.05。

买方计算 $\frac{w_i^b}{w_i^a}$，$\frac{w_1^b}{w_1^a}=\frac{0.1}{0.35}$，$\frac{w_2^b}{w_2^a}=\frac{0.15}{0.15}$，$\frac{w_3^b}{w_3^a}=\frac{0.4}{0.45}$，$\frac{w_4^b}{w_4^a}=\frac{0.35}{0.05}$，排序为 $\frac{w_4^b}{w_4^a}=\frac{0.35}{0.05}\geqslant\frac{w_2^b}{w_2^a}=\frac{0.15}{0.15}\geqslant\frac{w_3^b}{w_3^a}=\frac{0.4}{0.45}\geqslant\frac{w_1^b}{w_1^a}=\frac{0.1}{0.35}$。

买方的谈判过程如表 3-10 所示。

根据买方算法 Buyer（n），谈判应该分三步进行。

谈判过程如下：

表 3-10 基数偏好已知的双方谈判过程

T	买方 X（x_1，x_2，x_3，x_4，） 0.35，0.15，0.45，0.05	T	卖方 Y_i（y_1，y_2，y_3，y_4） 0.10，0.15，0.40，0.35
	5，4，30，5		0，0，70，15
1	5，4，30，15	2	2.5，0，70，15
3	5，2.667，30，15	4	5，0，70，15
5	5，1.333，30，15	6	5，0，65，15
7	5，0，30，15	8	5，0，60，15
9	5，0，34.444，15	10	5，0，55，15
11	5，0，38.889，15	12	5，0，50，15
13	5，0，43.333，15	14	5，0，45，15
15	5，0，45，15	16	
17		18	
19		20	
V（X）	0.63125		0.65

第一步对交货期属性进行谈判。初始提议为 $U_1^0=$（5，4，30，5），谈判进行到第一轮，交货期属性达成一致。

第二步对用料属性进行谈判。当谈判进行到第四轮时，用料属性达成一致，同时颜色属性在第二轮也达成一致。

第三步对价格属性进行谈判。谈判进行到第八轮时，价格属性达成一致。

由于颜色属性在第二轮时达成一致，至此全部谈判达成一致，谈判结束。

该策略具有如下特点：

（1）一步谈判可能在多个属性上达成一致。由于买方关于一个属性的让步能导致卖方对另一个（或几个）属性的让步，因此，一步谈判可能在多个属性上达成一致。在局部交易中，属性的序号不一定连续。Agent 每进行一步谈判，都记录该步谈判属性的序号 j，则下一步谈判的属性序号为 j+1。如果发现属性 j+1 已经达成一致，则继续下一个属性 j+2，即进行第 j+2 步谈判，此时需要对第 j+2 步的局部交易和局部交易值向量进行初始化。

（2）能避免局部交易退化问题的发生。局部交易中属性的个数是递增的，每一步谈判结束都可能会导致局部交易中属性个数的增加。已经达成的局部交易被保存起来，这就避免了局部交易退化问题的发生。

（3）考虑了属性间的依赖关系。一方对一个属性的让步能导致另一方对多个属性的让步，这是属性间依赖关系的体现。

（4）从算法中可以看到，最早达成一致的时间是 1，即第一步谈判；最晚达成一致的时间是 n，即第 n 步谈判。与 Fatima 等的研究中 PD 谈判的达成一致时间相比，最早达成一致的时间相同，最晚达成一致的时间有时相同，有时优于 PD 谈判，有时不如 PD 谈判，因为 PD 谈判的最晚达成一致时间不是只与属性个数相关（min（2r－1，n）），而本书策略的最晚达成一致时间只与属性个数相关。

（5）策略得到的解是平衡解。因为策略得到的解是买卖双方都接受的解，因此，该解是平衡解。从算法可知，计算该解所需的时间复杂性为 O（n），而 PD 谈判所需的时间复杂性为多项式级 $O\left(\left(m\hat{\pi}\cdot r^3\frac{T}{2}\left(n-\frac{T}{2}\right)\right)\right)$，故本书的策略优于 PD 谈判策略。

（6）策略得到的解是 Pareto 最优解。因为谈判过程是从对 Agent 最有利的提议开始，一点点地让步，直到达成一个双方都满意的解。从这个过程可知，对一方更有利而不对另一方不利的解是不存在的，因此，策略得到的解是 Pareto 最优解。

本章小结

本章首先讨论分析了效用理论及其在智能谈判中的作用。效用理论在智能谈判系统中有多种应用。第一个应用是作为谈判中决策者的工具，说明和讨论他们的偏好，识别可能的权衡策略，有助于避免情感决策偏差。第二个应用是引出来自所有谈判者的偏好信息，而且使用它识别 Pareto 有效率的结果。第三个应用是估计对手的偏好。

其次，对谈判模型中的议题和权重问题进行分析，给出了谈判属性种类、标度法与标准化方法。在偏好（权重）获取问题方面，选出了几种方法，并分析了各种方法的使用条件和特点。

最后，给出谈判策略的基本决策模型，包括建议评估模型、动作选择模型和反建议生成模型。这些决策模型为谈判策略的实施打下了基础。然后在不完全信息下，根据拥有对方偏好（权重）信息的情形，相应地给出了基于偏好的智能谈判策略。该策略具有许多特点，如思路简明，算法复杂度低，获得的是平衡解，双方采用该策略得到的解是 Pareto 最优解等。

第四章　基于神经网络与案例推理的智能谈判模型

本章首先对神经网络与案例推理技术进行分析；其次，根据神经网络的学习和逼近能力的特性，构建了基于神经网络的效用函数模型；再次，提出了基于神经网络与案例推理的谈判模型；最后，给出案例说明。

第一节　引　言

机器学习（Machine Learning，ML）是知识获取的基本手段和使计算机具有智能的根本途径。随着人工智能（Artificial Intelligence，AI）技术的发展，知识在问题求解中的作用越来越重要。多年以来，AI 的研究者一直在关注两个问题：一是智能系统怎样获取与处理直接相关的知识；二是怎样使智能系统具有一定的适应性。机器学习的引入正是为了这一目的，实现的途径有三个：

（1）组建能代表过去经验的知识库，支持领域知识的建立与使用。

（2）实现知识的自动获取，指导决策者在缺乏经验的情况下根据已有的知识进行问题分析。

（3）出现相同或相似决策场景时，建立具有标准求解步骤的实例模板，直接利用经验给出问题的解决方案。

人工神经网络（ANN），简称为神经网络（NN），作为对人脑最简单的一种抽象和模拟，是探索人类智能奥秘的有力工具。神经网络技术作为智能科学的“领头羊”，近年来发展成为一门十分活跃的交叉学科，有广泛的应用前景。

案例推理（CBR）是人工智能领域的技术，它是一种基于过去的实际经验或经历的推理，是人类思维过程的综合体现。

案例推理与神经网络存在自然的联系，本章运用人工神经网络与案例推理技术改造现有的面向客户的智能谈判，使谈判具有对以往谈判经验的合理学习与使用、决策智能化和提议生成合理化，提高智能谈判的效率。

第二节　神经网络技术与案例推理

一、神经网络技术

神经网络（Neural Network）是近年来兴起的一个高科技研究领域，也是信息科学、脑科学、神经心理学等多种学科在近几年研究的一个热点。人们试图通过对它的研究最终揭开人脑的奥妙，建立起能模拟其功能和结构的人工神经网络系统，使计算机能像人脑那样进行信息处理。从人工智能的角度来看，神经网络就是指人工神经网络。

人工神经网络是由大量处理单元（人工神经元）经广泛连接而组成的人工网络，用来模拟脑神经系统的结构和功能。它是在现代神经科学研究的基础上提出来的，反映了人脑功能的基本特性。在人工神经网络中，信息的处理是由神经元之间的相互作用来实现的，知识与信息存储在网络元件连接权中，网络的学习和识别取决于各神经元连接权值的动态演化过程。

1. 人工神经元

人工神经元是组成人工神经网络的基本处理单元，简称为神经元。神经元基本结构模型如图 4–1 所示。在图 4–1 中，圆表示神经元的细胞体；x_i（i = 1，2，…，n）为该神经元的外部输入，对应于生物神经元的突触连接；w_i 为该神经元分别与各输入间的连接强度，称为连接权值；θ 为该神经元的兴奋域值；s 为外部输入的控制信号，它可以用来调整神经元的连接权值，使神经元保持在某一状态；y 为神经元的输出，对应于生物神经元的轴突。由此结构可以看出，神经元一般具有多个输入，但只有一个输出的非线性器件。

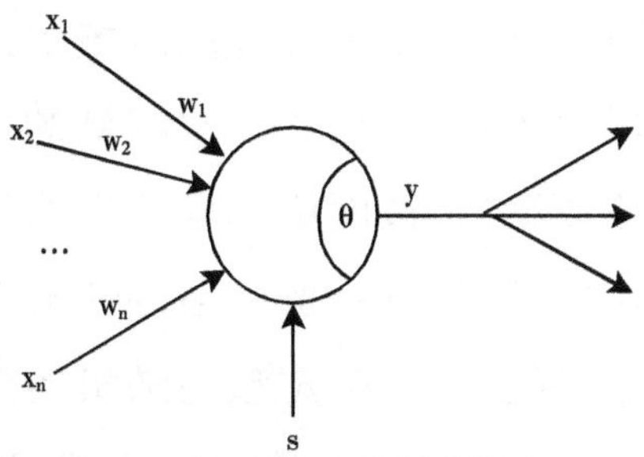

图 4–1　神经元的结构模型

神经元的工作过程一般是：

（1）从各输入端接收输入信号 x_i。

（2）根据连接权值 w_i，求出所有输入的加权和 σ。

$$\sigma = \sum_{i=1}^{n} \omega_i x_i + s - \theta \tag{4-1}$$

（3）用某一特性函数（又称作用函数）f 进行变换，得到输出 y：

$$y = f(\delta) = f\left(\sum_{i=1}^{n} \omega_i x_i + s - \theta\right) \tag{4-2}$$

常用的特性函数有阈值型、分段线性型、Sigmoid 型（简称 S 型函数）及双曲正切型。例如，S 型函数计算式如下：

$$f(x)=\frac{1}{1+e^{-x}} \tag{4-3}$$

2. 神经元的互连形态

人工神经网络是由神经元广泛互连构成的，不同的连接方式就构成了网络的不同连接模型，常用的有以下几种：①前向网络。②入层有反馈的网络。③层内有互连的网络。④互连网络。

3. 人工神经网络的特征

①能较好地模拟人的形象思维。②具有大规模并行协同处理能力。③具有较强的容错能力和联想能力。④具有较强的学习能力。⑤它是一个大规模自组织、自适应的非线性动力系统。

4. 人工神经网络的分类

迄今为止，已经开发出几十种神经网络模型，从不同角度进行划分，可以得到不同的分类结果。例如，按网络的拓扑结构划分，可分为无反馈网络与有反馈网络；按网络的学习方式划分，则分为有教师的学习网络与无教师的学习网络；按网络的性能划分，既可以分为连续型与离散型网络，又可以分为确定型与随机型网络；按连接突触的性质划分，可以分为一阶线性关联网络与高阶非线性关联网络。

5. BP 神经网络

BP（Back Propagation）模型是一种用于前向多层神经网络的反向传播学习算法，是当前在前向神经网络中研究得最为成熟且应用最广的有监督学习算法，采用该算法的前馈神经网络简称 BP 神经网络。BP 神经网络结构如图 4-2 所示。

6. BP 神经网络学习算法

BP 学习算法是一种有监督的学习过程，它是根据给定的（输入、输出）样本对来进行学习，并通过调整网络连接权来体现学习的效果。就整个神经网络来说，它有学习阶段和工作阶段两种状态。

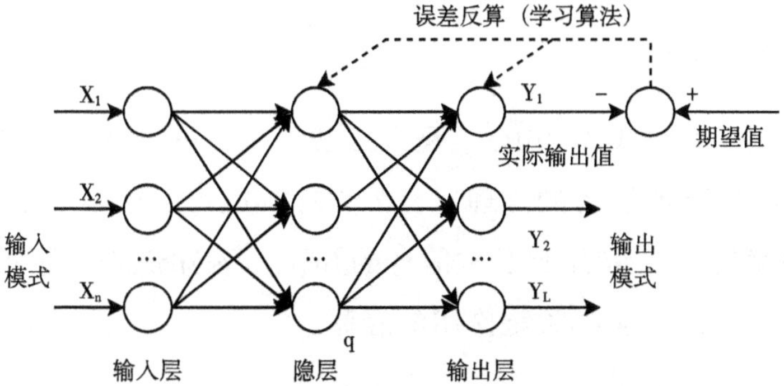

图 4–2　BP 神经网络模型

（1）在学习阶段，先将学习样本对的输入加在网络的输入端，沿着前向（即输入层→输出层）在各层神经元按输入和激励函数（Sigmoid 函数）的方式产生输出。然后将输出层神经元的实际输出值和期望输出值之差逆向（即输出层→输入层）传播到各神经元，并根据误差的大小和符号相应地调整各连接权值。此过程一直进行到神经网络权连接方式能在给定输入样本条件下以一定精度产生给定输出结果，即认为学习阶段结束。

（2）在工作阶段，当待测样本输入到已学习好的神经网络输入端时，根据类似输入产生类似输出原则，神经网络按内插或外延的方式在输出端生成所求解。

7. BP 网络的逼近能力和泛化能力

（1）BP 网络的逼近能力是指需要怎样的网络结构才能逼近某一函数的映射。研究结果表明，只要有一个隐含层的三层 BP 神经网络，就可以逼近任何映射函数以完成给定的映射任务。

（2）BP 网络的泛化能力是表征神经网络学以致用的能力，也是评定学习结果好坏的重要指标。当网络由一组随机选择的样本对学习训练好后，如果它能越多地对测试样本进行分类，就称它的泛化能力强。神经网络的泛化能力与隐层和隐单元数有关，与学习样本的数量和质量也有关系。隐层和隐单元数过多将使网络的泛化能力变差。

二、案例推理

基于案例的推理（CBR），是人工智能领域的技术，它是一种基于过去的实际经验或经历的推理，是人类思维过程的综合体现。

案例就是一段带有上下文信息的知识，该知识表达了推理机在达到其目标的过程中能起关键作用的经验。

1. CBR 的理论基础

案例推理方法之所以行之有效是建立在对现实世界的一系列假设基础之上。因为案例推理方法是一种利用相似类比解决问题的方法，它的前提是相似的问题有相似的解答，通常认为，Kolodner 对现实世界的四个假设是 CBR 方法的基础。这四个假设分别是：

正则性：世界通常是正则的。即在相同情况下执行相同的行为、操作，往往会导致相同或相似的后果或结果。

典型性：情况和事件往往重复发生。一个智能体所遇到的情况和经验很可能在未来环境中是典型的或相似的。

一致性：或称为相对稳定性。简单地说，如果世界发生了一些小变化，我们对世界的观念往往只需作稍许的变化即可，而不是进行巨大变化。也就是说，情况发生了小变动，解释只需作少许变动，解也只需作少许变动。

易适应性：尽管现实世界中的情况和事件很少完全重复，但是两个事件差别很小的情况却是比较常见。通常认为较小的区别容易补偿，也就是相对容易调整（或适应）。

2. CBR 的一般过程

挪威学者阿莫特与普拉扎（Aamodt 和 Plaza）认为，CBR 过程一般可划分为四个主要阶段：案例检索（Retrieval）、案例复用（Reuse）、案例调整（Revise）和案例保存（Retain），具体来说：

（1）从案例库中检索出与新案例最相似的案例或案例集。

（2）把候选案例集中的案例信息和知识复用到新问题上。

（3）修正建议的解答。

（4）把所获得的经验保存起来，以备将来使用。

3. CBR 的特点

CBR 作为一种新的推理方法和技术，有其自身的特点。CBR 的优点主要有：

（1）知识获取较容易，案例库使用的知识是案例，而案例是知识的完全表达，CBR 系统并不需要分解和泛化案例经验以形成规则。

（2）增量式学习，可以在没有专家干预的情况下，通过增加案例，使得案例推理的求解范围扩大。

（3）求解过程简化，由于是复用过去的解答或求解方法，而且对于同样的问题，不需要像规则推理那样从头开始，因而求解效率高。

（4）CBR 的求解根据来自于确实存在或已发生过的实例，案例库中保存有成功的和失败的解答，跟规则链的求解相比，解的质量得到了提高。

（5）CBR 系统得出的结果易于被用户接受。

但是，CBR 中也存在一些问题，主要体现在：

（1）由于目前知识或案例在大脑中的记忆研究还不成熟，通常的 Agent 知识表示方法无法很好地表达案例知识，因此 CBR 中的案例表示同样具有局限性，深层、表层背景知识缺乏与范例所表示的特殊知识的相互集成。

（2）CBR 对噪声数据敏感，错误及冗余数据容易影响系统的检索效率和求解效果。

（3）CBR 系统是增量式学习系统，系统的运行、应用过程中需要保持和管理一组数量较大的案例，随着案例库增大，可能出现冗余和不一致的案例，使得系统性能变弱。

（4）对于提取案例有困难的领域，需要建立案例工程，但目前案例工程过程智能化程度不够，案例修正知识和修正规则获取同样存在“瓶颈”。

4. CBR 的应用

近年来，随着 CBR 研究的广泛开展，CBR 的研究性开发项目和应用系统已经有很多，已深入到电子商务、信息服务、规划、设计、农业、气象、诊断、分类、辅助决策、音乐、软件复用、辩论和法律案例推理、医学、争端调解及智能教学等领域。

第三节　基于神经网络的效用函数模型

一、现存效用的函数的局限性

效用在经济学当中描述的是对主观满足程度的度量。在谈判理论当中，谈判方的效用就是指某一方案为自己带来的收益的函数。为了能将效用理论用于决策中，必须求得所有可能后果的效用值。效用值都是通过效用函数给出的。在谈判过程中，经常需要利用效用函数对建议（Proposal）进行评价。当谈判方案涉及的议题和议题选项较多时，谈判者往往很难在众多的方案之间做出明确判断，并且需要对谈判对手提出的难以预见的方案进行迅速评价并做出反应。谈判主体将通过效用函数做全盘的衡量，以追求效用最大化。

现有谈判效用函数多数是采用多项线性相加计算式，其权值凭人们的经验确定，不能充分反映实际需要，具有一定的局限性。举个卖方的例子，数量大而价格低是买卖双方可能接受的交易，但根据线性相加决策函数，计算结果可信度可能下降较大，会造成拒绝交易的错判，产生经济损失。

智能谈判的本质应是对买卖双方多属性构成向量空间的公共区域的搜寻，其各自的效用函数应是利用复杂多项非线性计算式来逼近实际。因此，本书提出采用学习与逼近能力优良的人工神经网络来替代现行效用函数。

二、模型构造方法

本书提出的基于神经网络的效用函数学习模型如图 4–3 所示。该模型采用三层 BP 神经网络结构，即输入层、隐层和输出层。输入层输入的信息 X_i 对应智能谈判模型中谈判对象（如具体的商品）的某个谈判因素（如商品价格、商品数量、供货时间等），输出层输出信息 Y_1 是具体谈判案例（具体价格值、数量值、时间值）对应的实际效用函数值大小，根据 Y_1 的大小可以决定对方提出的谈判案例是否可以接受。期望效用函数值 Y_b 由学习样本给出，即由用户提供已知的输入与输出对应关系，这种对应关系反映了用户对各种案例的复杂的主观评价。期望效用函数值 Y_b 主要用于神经网络学习阶段，用于确定神经网络合理的连接权值，确保对已知案例的实际效用计算结果 Y_1 在约定精度下接近期望效用函数值 Y_b。

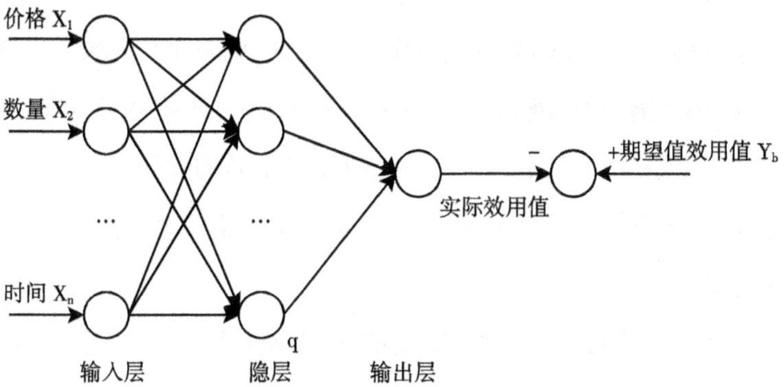

图 4–3　效用函数学习模型

三、学习样本要求

表 4–1 给出了模拟的卖方谈判效用函数的部分学习样本。神经网络的泛化能力（应用能力）与学习样本的数量和质量有关，具体要求如下：

表 4–1 谈判效用函数学习样本

X_1（价格）	X_2（数量）	X_3（时间）	Y_b（期望效用函数值）
400	100	18	0.95
350	85	14	0.75
300	70	10	0.55
250	55	8	0.35
200	40	5	0.15
150	35	3	0.08

（1）致密性。神经网络是完成从输入空间曲线（或超曲面）到输出空间曲线（或超曲面）的影射，在输入空间曲线（或超曲面）上用做学习样本取样点必须具有一定的密度（致密性），否则，按类似原因产生类似结果的神经网络，在工作阶段按内插和外延方式由给定输入经神经网络映射出所求输出时，将偏离映射曲线，产生较大误差，即通常所说的推广能力和泛化能力差。

（2）遍历性。内插和外推是函数近似映射的两个基本方法，只能在样本点的一定领域内进行，由一个样本点的状态去外推很远的另一点的状态是不可靠的。因此，在神经网络工作阶段可能遇到的输入空间中，到处都要有适当数量的样本点以供学习，否则外延过远就会使泛化能力变差。

（3）相容性。神经网络可以完成输入空间到输出空间的单点到单点或多点到单点映射，但不能完成单点到多点映射。有时，学习样本在表面上看起来不是单点到多点映射，但由于两样本输入向量差别过小，而映射到的输出向量又不相同，神经网络学习起来就十分困难，权值组合满足前一个样本映射要求后，在学习后一个样本时又要大改权值组合，以致找不到一个两个样本映射都同时满足的权值组合。反映在学习迭代过程中，就是误差曲线在某个范围内来回波动而不收敛。

总之，学习样本不仅要保证数量，更重要的是学习样本的质量，即样本的选择。对神经网络的学习样本在使用前应进行检查，剔除冗余的学习样本，增加保证内插和外推所必需的样本，从而保证神经网络在学习阶段有较快的学习速度，在工作阶段有较好的泛化能力。

四、模型的特点和模型的使用分析

基于神经网络的效用函数学习模型具有如下特点：

（1）该模型是多因素谈判效用模型，由于采用神经网络，输入层输入的谈判因素个数可以灵活增减。

（2）神经网络是分布式并行计算，因此，提高了智能谈判效用函数的计算速度。

（3）神经网络采用非线性运算，学习能力非常强，可以很好地完成复杂学习样本的学习任务。

（4）更新学习机制，即有合理的新案例可以加到样本库时，可以启动神经网络重新学习，使神经网络得到完善和提高，并使用户可以灵活更改效用函数。

基于神经网络的效用函数模型具有许多的优越性，但是该模型在谈判中却几乎没有受到关注，原因值得思考。谈判是一个交互的过程，即接收对方的建议，评价该建议，根据情况在效用上减少，做出让步产生反建议，不断地循环，直到结束。在评价建议时，基于神经网络的效用函数模型优势明显，但在产生反建议时，该模型与其他模型相比没有优势，产生反建议算法实施起来的综合效果要差于其他模型。即基于神经网络的效用函数模型，在产生反建议方面具有局限性。

第四节 基于神经网络与案例推理的谈判模型

人类传统的成功谈判经验是电子智能谈判的宝贵学习资源，使智能谈判模型能够学习过去的谈判经验，并运用推理，对新的谈判策略给予合理选择，是非常重要的研究。本书提出基于神经网络与案例推理的谈判模型，将以前的经验策略应用在当前谈判中，实现动态可调整实例谈判策略，对谈判的决策过程进行动态控制。

一、神经网络与案例推理的结合

CBR 能够在知识难以获取并且已积累了丰富案例的诸多复杂领域，如医疗诊断、法律、设计、气象、软件工程等领域中得到成功的应用。由于 CBR 系统对应用领域没有特殊的要求，只要新问题与原有的问题很相似，并且能够搜索到该问题，CBR 就可以得到很好的应用。

CBR 方法的核心是从案例库中检索出与新问题案例最相似的历史案例，因而案例检索模块中检索算法的有效性直接影响 CBR 方法的成功使用。因此，在 CBR 系统中，选择适合的检索算法是案例检索乃至 CBR 方法的关键。

同时，案例库中的案例作为知识库中知识的一种载体，普遍存在着知识的维护问题。其中有一类“知识”的使用可导致案例推理过程受到阻滞或时间大量消耗，从而不能得出清晰结果，这类知识称为“有害”（Harmful）知识。由之引起的推理问题称为 CBR 领域的“沼泽问题”（Swamping Problem），比喻这种“有害”知识的存在和运用具有“成事不足，败事有余”的性质。“沼泽问题”的研究在以往 CBR 研究中属于被忽视的议题，近年来再次获得较为广泛的关注。

人工神经网络（Artificial Neural Network，ANN）用大神经元的互连以及对各连接权值的分布来表示特定的概念知识。在知识获取的过程中，它只要求专家提出范例及相应的解就能通过特定的学习算法对样本进行学习，通过网络内部自适应算法不断修改连接权值分布以达到要求，并把专家求解实际问题的启发式知识和经验通过网络的互连及权值的分布来进行体现。

目前，ANN 在 CBR 中的应用主要集中在案例检索过程中，即采用 ANN 算法替代传统 CBR 中的案例检索算法。虽然 CBR 技术在许多复杂的领域已经被使用并取得了良好的效果，但是在具体建造 CBR 智能系统时依然有许多问题需要解决，如求解过程中相似案例的修正非常困难、CBR 对噪声数据很敏感、案例库会随着学习的进行无限膨胀等。因此，要建造 CBR 的智能系统，可以尝试一种可以克服 CBR 上述问题的方法，如使用神经网络来建造系统。神经网络有许多优点，如擅长处理噪声数据、自适应性很强、具有并行处理的特性；它与 CBR 之间有着一种自然的联系，双方都存在着联想记忆、动态存储和自适应性等类似的特点。CBR 方法是基于人类形象思维的基本实现方式，从本质上来说，CBR 的推理过程，就是模式匹配与分类处理过程，案例就是思维的形象描述。CBR 与形象思维的本质联系有利于 CBR 的形式化和系统实现，同样形象思维与神经网络也有着紧密的联系。

二、模型构造方法

在 ANN-CBR 中，通过基于神经网络的案例检索算法训练一个神经网络，使其在输入案例特征属性后输出子案例分类号。每一个案例都处在相应的神经网络分类结果之下，谈判时，先通过神经网络模块得到案例分类结果，再根据谈判分类结果及神经网络模块的谈判规则，获得谈判的类别，即 CBR 中案例库的索引，再在相应的子案例库中检索到相似的案例。这种基于神经网络进行检索的优点是检索速度与案例库大小无直接相关性，对于案例库规模较大的情况，该检索方法的检索速度大大高于传统的基于案例相似度的检索方法的速度。

基于神经网络的谈判经验学习模型如图 4–4 所示。其中，经验库采用数据库对过去的谈判经验按相似条件分类设置成子案例库进行管理，每个子案例库赋予一个期望特征值 Y_{bi}，查找经验时是按照特征值查找；神经网络输入层输入数据为价格最大值、价格最小值、供货数量最大值、供货数量最小值、供需比等谈判案例所处的环境数据；神经网络学习阶段，根据已知的经验期望特征值 Y_{bi}（对应某个谈判环境数据）训练神经网络，学习成功后，神经网络实际输出值 Y_1 应接近期望值 Y_{bi}。

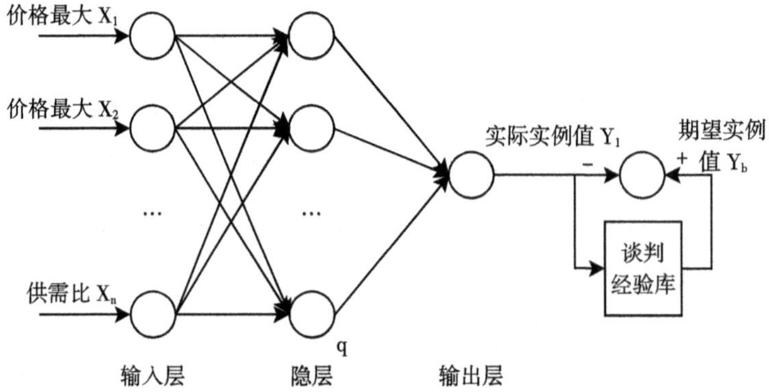

图 4–4　基于神经网络的谈判经验学习模型

表 4–2　谈判经验学习样本

X_1	X_2	X_3	X_4	X_5	X_6	X_7	Y_{bi}
400	290	90	55	14	10	0.3	0.9
380	260	80	50	13	9	0.5	0.8
350	250	70	40	12	7	1	0.7
300	220	50	30	11	6	2	0.6
280	190	45	25	10	5	3	0.5
270	180	43	22	9	5	4	0.4

表 4–2 给出了模拟买方谈判经验学习样本集的一部分样本，用于训练神经网络。

X_1：价格最大值。

X_2：价格最小值。

X_3：供货数量最大值。

X_4：供货数量最小值。

X_5：供货时间最大值。

X_6：供货时间最小值。

X_7：供需比。

Y_{bi}：谈判经验期望特征值。

工作阶段，将新的谈判案例所处的环境数据输入神经网络，经神经网络计算后，其输出 Y_1 即为某个子案例库的特征值，用该特征值在谈判经验库中检索出相应的子案例库，按照一定的规则，选出某个子案例，如用基于神经网络的效用函数模型评价各个子案例，选出效用最高的案例，用该子案例经验中的谈判记录进行谈判。当新案例面对新的谈判环境（经验库中不包含）时，神经网络可以进行推理，推断计算出新的特征值，然后到经验库中查找特征值最接近的经验，并用此经验进行谈判。

基于神经网络的实例推理可以获取谈判经验，并在将来的相似谈判中使用这些经验，这种方式提供了一种动态的、可调整的谈判策略，可以更好地模拟谈判中的优秀交易行为。

基于神经网络的经验推理的实现需完成两个方面的工作，一个是收集新的经验，另一个是对经验的管理。经验的大量收集和更新可以为模型中的学习提供大量的有效数据，新的案例可以为谈判者提供更多的相关经验，或帮助谈判者通过对当前形式做出正确的评估来解决谈判中的决策问题。对经验进行有效的管理，可以帮助谈判者在需要的时候及时回忆起相关的经验，并快速而准确地做出决策。

三、案例学习与管理

从系统谈判实例库中查询相关对象的谈判案例集，构建谈判经验库。经验库中每个相似条件下的子案例库赋予一个期望特征值，构成的学习样本应遵循神经网络学习样本的有关要求，使学习样本具有致密性、遍历性和相容性，当然，要具备这样的特性，经验库需不断充实和完善。谈判经验的学习是有教师指导的学习。

经验的管理采用数据库进行。一个经验记录包括以下各种信息：商品的一般信息、Agent 的用户偏好、公共价格范围、数量范围、供货时间范围、商品的供需比和相应的谈判记录。

四、采用统计方法对谈判偏好的学习

对对方谈判偏好的学习与分析采用了统计的方法。首先从谈判系统实例库中查询对方对某类谈判的案例集，然后统计谈判对象的特性频率，如高价格的频率等，由此估计对方的谈判倾向；根据学习的结果调整谈判策略（由经验库中获得的谈判经验），按对方的决策倾向进行调节（如对方高价格频率较高，则实际谈判时，将选择价格高的提议），这样有助于谈判的成功。

五、基于神经网络和案例推理的谈判过程和案例

1. 谈判流程

买卖双方谈判流程如图 4-5 所示。以卖方为例：

（1）卖方首先接收买方提出的建议。

（2）卖方检验买方的建议是否符合规则。如果合理转步骤（3）；如果不合理转步骤（4）。

（3）卖方用自己的效用函数（由神经网络建立）评价买方提议的可取性。

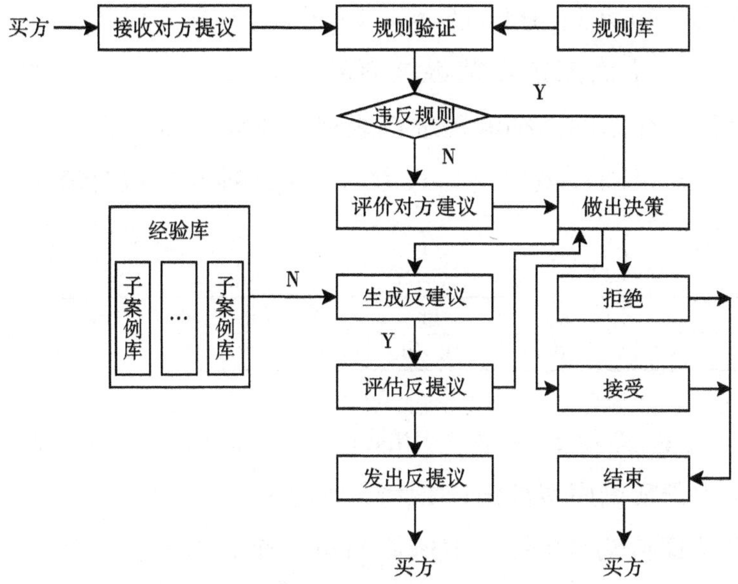

图 4-5 基于神经网络与案例推理的谈判流程

（4）给出决策。反提议转步骤（5）；接受转步骤（9）；拒绝转步骤（9）。

（5）不存在反提议，转步骤（6）；存在反提议，转步骤（7）。

（6）利用卖方过去的经验提供反建议（由人工神经网络与案例推理实现），并使用统计学习结果调整建议，产生反建议序列。

（7）利用卖方效用函数评价反建议的合理性。若合理转步骤（8）；不合理转步骤（4）。

（8）发出反提议，转步骤（1）。

（9）发出命令信息，结束。

买方的谈判流程与卖方相似。

2. 案例

假定用户进入电子商务智能谈判环境购买商品，买方和卖方即 Agenta 和 Agentb 针对纺织品的颜色 Dc、用料 Dm、价格 Dp 和交货时间 Dd 进行谈判。虽然颜色和用料是离散决策变量，但为了简化都作为连续变量处理。双方变量的取值区间为：Dc = [0，5]；Dm = [0，4]；

Dp = [30 元，70 元]；Dd = [5 天，15 天]。最多的谈判次数为 20；当前环境中有一个商家正在销售该商品，则该商品当前的供需比为 1。按照谈判模型介绍的详细流程进行谈判，关键内容如下：

（1）根据谈判环境情况，买方 Agent 经神经网络计算后获得子案例库：

Pname	Dc	Dm	Dp	Dd	Sdr	SubCases	T
纺织品	0~5	0~4	30~70	7~12	1	0.9	20

其中，各变量含义为：Pname 为产品名称；Sdr 为供需比；SubCases 为子案例库特征值；T 为谈判轮次。

假设特征值为 0.9 的子案例库只有一个相似案例。谈判报价序列记录以每次提议的（颜色、用料、价格、交货期）构成数组：

((5，4，30，5) 5，4，34.444，5)（5，4，38.889，5）5，4，43.333，5)（5，4，47.778，5)（5，4，50，10)（5，3.333，50，15)（5，2，50，15)（5，1.333，50，15))。

（2）同理，卖方获得一个相似案例。谈判报价序列记录为：

((0，0，70，15)（0，0，65，15)（0，0，60，15)（0，0，55，15)（0，0，50，15)（2.5，0，50，15)（5，0，50，15)（5，1.333，50，15))。

（3）双方用统计方法学习对方交易实例中的谈判倾向。

（4）适当调整各自的谈判经验。

（5）使用各自的相似案例谈判报价序列进行谈判，直到谈判结束。

首先买方报价 1，然后卖方报价 2，买方报价 3，卖方报价 4，依次进行，直到结束。整个谈判具体过程的形象描述如表 4-3 所示。

基于神经网络的谈判经验学习与推理模型具有以下特点：

（1）由于神经网络采用分布式并行计算，提高了工作时模型推理计算的速度。

表 4-3　基于案例推理的智能谈判示例

1	5，4，30，5	10	0，0，50，15
2	0，0，70，15	11	5，4，50，10
3	5，4，34.444，5	12	2.5，0，50，15
4	0，0，65，15	13	5，3.333，50，15
5	5，4，38.889，5	14	5，0，50，15
6	0，0，60，15	15	5，2，50，15
7	5，4，43.333，5	16	5，1.333，50，15
8	0，0，55，15	17	5，1.333，50，15
9	5，4，47.778，5	18	接受

（2）由于神经网络采用非线性运算，可以很好地完成复杂学习样本的学习任务。

（3）该模型是考虑多种因素的经验学习与推理模型，提高了模型对实际谈判环境的模拟。

（4）该模型新学习机制，即有新案例加到样本库时，可以启动神经网络重新学习，使神经网络得到完善和提高，并使经验库日趋完善。

（5）该模型是有教师指导的学习。

本章小结

本章根据神经网络的学习和逼近能力的特性，构建了基于神经网络的效用函数模型。现有谈判模型效用函数多数是采用多项线性相加计算式，其权值凭人们的经验确定，不能充分反映实际需要，具有一定的局限性。基于神经网络的效用模型解决了该问题，并且具有如下特点：①该模型是多因素谈判效用模型，由于采用神经网络，输入层输入的谈判因素个数可以灵活增减。②神经网络采用分布式并行计算，提高了智能谈判效用函数的计算速度。③神经网络采用非线性运算，学习能力非常强，可以很好地完成复杂学习样本的学习任务。④更新学习机制，即有合理的新案例可以加到样本库时，可以启动神经网络重新学习，使神经网络得到完善和提高，并使用户可以灵活更改效用函数。

本章提出了基于神经网络与案例推理的谈判模型。神经网络具有分布并行处理、非线性映射、鲁棒容错等特性。基于案例的推理（CBR），是人工智能领域的技术，它是一种基于过去的实际经验或经历的推理。基于案例的推理与神经网络存在着自然的联系，二者不仅具有一些共同特点，如联想记忆、动态存储和自适应，而且在许多方面具有互补性。利用神经网络对噪声数据不太敏感和并行处理等诸多优点，来实现基于案例的推理可以取得非常好的效果。基于神经网络与案例推理的谈判模型具有如下特点：①由于神经网络采用分布式并行计算，提高了工作时模型推理计算的速度。②由于神经网络采用非线性运算，可以很好地完成复杂学习样本的学习任务。③该模型是考虑多种因素的经验学习与推理模型，提高了模型对实际谈判环境的模拟程度。④更新学习机制，即有新案例加到样本库时，可以启动神经网络重新学习，使神经网络得到完善和提高，并使经验库日趋完善。

第五章　多属性并发谈判协议设计

当谈判一方为了达成一个协议需要与多方进行谈判时，这时并发谈判问题就产生了。本章提出了一个在竞争环境中的协议，支持竞争环境中的多对多双边多属性谈判。通过扩展现存谈判协议，给出的谈判协议使产品提供方和产品需要方并行管理各自的谈判过程，消除了众所周知的一对多谈判偏向谈判一方的情形，并且能保持长久的诚信和削减失信情况。本章还讨论了与并发的多属性谈判相关的一些问题。

第一节　引　言

许多研究者对并发谈判产生了兴趣。原因如下：①当一个 Agent 为了获得一个好的谈判结果需要与多个其他的 Agent 进行谈判时，它是具有时间效率和鲁棒性的；②在一个供应链问题中，本质上，一个 Agent 需要一个产品会涉及许多 Agent。许多研究已经关注到一对多谈判问题。例如，Iryd Rahwan 通过协调并发谈判探求相应的产品提供方努力最大化一个产品买方的效用。有些提供了一个承诺模型，授权 Agent 可以违背承诺，当其获得一个提议比那些已经承诺的 Agent 的提议更好时。

在多 Agent 环境中，很可能发生多个买方与多个卖方同时进行谈判的情形。考虑一个竞争环境，假设这个 Agent 是自私的，并且仅知道自己的谈判偏好。根据两阶段承诺协议和扩展合同网协议（CNP），一个协议就被提出来，以支持多对多的多属性谈判。

Petri 网是一个绘画和数学模型工具，被应用到许多系统中。它是一个用来描述和研究那些具有并发的、异步的、分布的和并行特点的信息处理系统的有希望的工具。因为有色 Petri 网对并发性有更大的表现能力和支持，所以被用来作为并发谈判协议的模型化语言。进一步，本书分析了这个协议与现存的合同网技术相比较所具有的一些优良特性。

这个协议提高了以下的技术发展水平：第一，大多数现存的并发谈判协议没有解决发生在多对多谈判中的谈判一致性和违约风险这样的问题。第二，多数协议没有解决多属性谈判和偏好未知的竞争性情景问题。第三，多数基于合同网变化的模型没有解决并发谈判过程存在的问题。相比较，本章内容：①提出了一个并发谈判协议，能使买方和卖方同时参与几个谈判过程；②给出的谈判过程避免了现存的一对多谈判中偏向参与谈判的某一方的情况；③提出的谈判算法减少了谈判双方发生违约情况的数目；④改进了谈判效率和鲁棒性；⑤分析了所提协议的一些积极特性；⑥探索有色 Petri 网在模型化和分析通信交互中的使用，给了 Agent 采用针对并发多属性谈判的层次策略的可能性。层次策略包括一个高层次的协调水平和一个低层次的个人谈判水平。

第二节　案例

为了阐述这个协议，本书给出一个引例获得股票报价情况。这里假设所有 Agent 是自私的，并且都有自己的产品偏好。正如图 5-1 所示，一个产品购买者 a_1 将会安排从某个产品供应商那里获得股票报价。在这个情景中，a_1 确定了两个供应商 b_1 和 b_2，这两个供应商满足其基本条件，并且开始了两个谈判过程，每一个针对某个供应商，希望发现某一个供应商提供低价而高质的产品。如图 5-1 所示，b_1 已经与另一个潜在产品购买者 a_2 在谈判之中，b_1 将与 a_1 和 a_2 同时谈判，期待发现较好的提议。大多数现有的协议不能正确地处理这种情况。在某些协议里，例如，如果 b_1 是一个与 a_1 正在进行并发谈判的供应商，b_1 必须等到 a_1 的所有谈判线程结束才可以进行其他谈判。即使 b_1 和 a_1 较早地达成协议，b_1 也只能在 a_1 完成所有的谈判线程之后才能被 a_1 接受或拒绝。因此，当前的协议约定 b_1 成为单边承诺，使 b_1 损失时间和与其他 Agent 达成协议的潜在机会。这偏向有利于 a_1，但是对先前已经同意的提议仍可能产生违约的麻烦，并且导致违约惩罚带来的效用和信誉的损失，信誉的损失会伤害那些有兴趣长期合作和获利的 Agent。

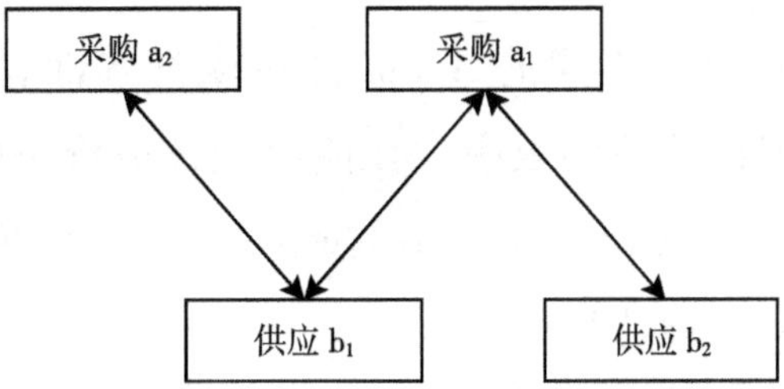

图 5-1　一个并发谈判案例

通过思考两阶段承诺协议和合同网协议，本书引入两阶段的接受和拒绝进入到交换提议协议，来支持并发多属性谈判。在谈判期间，当 Agent 与对手通信时可以使用许多的信息。谈判行动简要的定义如表 5-1 所示。

表 5-1 谈判行动

Proposal	需求方发起谈判，给出一个提议
Counterproposal	响应方 Agent 针对先前的提议给出一个新的建议
Formal-Proposal	Agent 标准化其预接受提议
Pre-Accept	Agent 暂时地接受提议
Pre-Reject	Agent 暂时地拒绝提议
Accept	Agent 接受了提议
Reject	Agent 拒绝了提议

第三节 并发谈判协议

谈判各方为了在他们之间达成一个正式的协议，需要进行一系列的信息交换，以至于一方或多方向其他一方或多方提供产品或服务。因此，并发谈判在电子商务领域中是必要的。

一、谈判协议

在多属性谈判中，不同的 Agent 针对谈判属性有不同的偏好。他们的偏好通常表现在效用函数中。在使用交替报价协议时，Agent 在开始谈判时会给出一个具有最高效用的提议，然后逐渐在谈判过程中给出较低效用的提议进行让步。

令 a 和 b 代表谈判 Agents，I 是谈判属性集合，$I=\{I_1, \cdots, I_2\}$。假设 $O_{b\to a,t}$ 是 b 在第 t 时间轮次发给 a 的提议，定义 Agent a 的效用为 $U_a(O_{b\to a,t})$。Agent b 的效用被类似地定义。

定义 5.1：在谈判中 Agent a 与 Agent b 集合 $B=\{b_1, \cdots, b_n\}$ 进行并发谈判，如果 $U_a(O_{b_i\to a,t}) > U_a(O_{b_j\to a,t})$，则 Agent b_i 的提议 $O_{b_i\to a,t}$ 比 Agent b_j 的提议 $O_{b_j\to a,t}$ 好。

定义 5.2：在谈判中 Agent a 与 Agent b 集合 $B=\{b_1, \cdots, b_n\}$ 进行

并发谈判，如果 $U_a(O_{b_i\to a,t}) > U_a(O_{a\to b_i,t+1})$并且 $U_a(O_{b_i\to a,t}) = \arg\max U_a(O_{b_j\to a,t})$，$b_j \in B$ 那么 Agent a 将接受 Agent b_i 的提议。

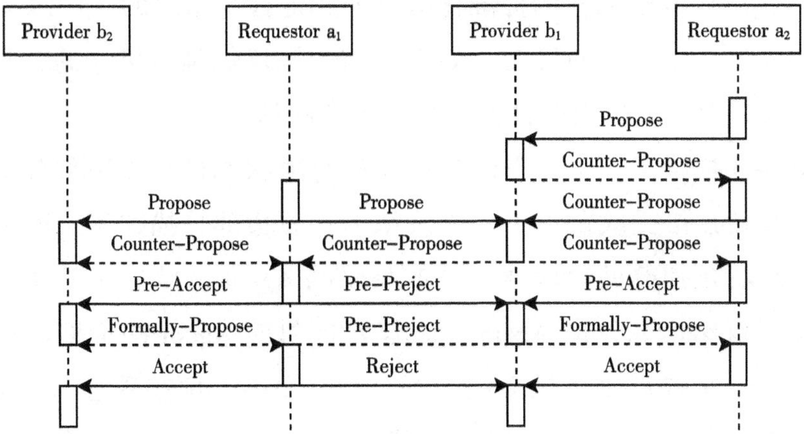

图 5-2　并发谈判序列

如图 5-2 所示，一个采购者 Agent a_1 确定两个供应商 Agent b_1 和 Agent b_2，然后，同时发起两个谈判线程并且发出他的提议。在评价所收到的报价提议后，b_2 发出了他的还盘提议给 a_1。因为 b_1 还没与谈判中的 a_2 达成任何协议，b_1 也给 a_1 发出了还盘提议。在评价后，a_1 发现 b_2 的反提议是可以接受的，做出预接受 b_2 的反提议。同时 a_1 将预拒绝其他的反提议。b_1 接收了 a_1 预拒绝信息和 a_2 的预接受信息，因此 b_1 发出了标准化的提议给 a_2 并且预拒绝了所有其他的采购者。当预接受的 b_2 发送给 a_1 他的标准化提议时，其他预拒绝的 Agents 也会发送给 a_1 他们的反提议。a_1 将会接受 b_2，拒绝其他的供应者。如果 b_2 的标准化提议仍是可接受的，类似地，a_2 发送给 b_1 接受信息，发送给其他的供应者拒绝信息。

预接受与接受的两阶段承诺和相应的预拒绝与拒绝的两阶段承诺对于处理并发冲突是必要的。在这种协议下，并发谈判过程有两个阶段。在第一阶段，供应商 Agent 在采购商 Agent 发起谈判之后交换反提议。一旦某个 Agent 收到可接受提议，他就执行谈判第二阶段，发出预接受信息给发送可接受协议的 Agent，发送预拒绝信息给其余的谈判对方。在第二阶段，谈判进入与首价拍卖最后一轮相似的过程。被预接受的 Agents 发送回他的标准化提议而其他被预拒绝的 Agents 发出他们的反提议，做最后的努力。如果先前的提议仍是可接受的，它将被正式接受，而其他的提议将被拒绝，结束谈判。

图 5-3 描绘了一个并发谈判协议的有限状态机。左边部分描述了供应商开始预接受或预拒绝的阶段情形；右边部分描述了采购方开始预接受或者预拒绝的阶段情况。产品采购 Agent 从状态 1 开始发出一个初始提议给产品供应 Agent（状态 2）。供应 Agent 评价提议（状态 2），如果这个提议是可接受的，那么供应 Agent 预接受它（状态 4）；否则这个供应 Agent 发出反提议（状态 3）。两个 Agents 在发现可接受提议前来回发送反提议（状态 2 和状态 3）。供应 Agent 可以预拒绝某个提议，如果他已经预接受其他的 Agent 或已经被其他的 Agent 预接受（状态 5）。被预接受的采供方发出他的正式提议给供应方（状态 6）。如果这个正式提议是可接受的，它就被供应方接受；否则这个提议被预拒绝（状态 5），然后采购 Agent 可以发出改进的反提议（状态 7），这个提议可能被供应方预接受或最后拒绝（状态 13）。图 5-3 的右边

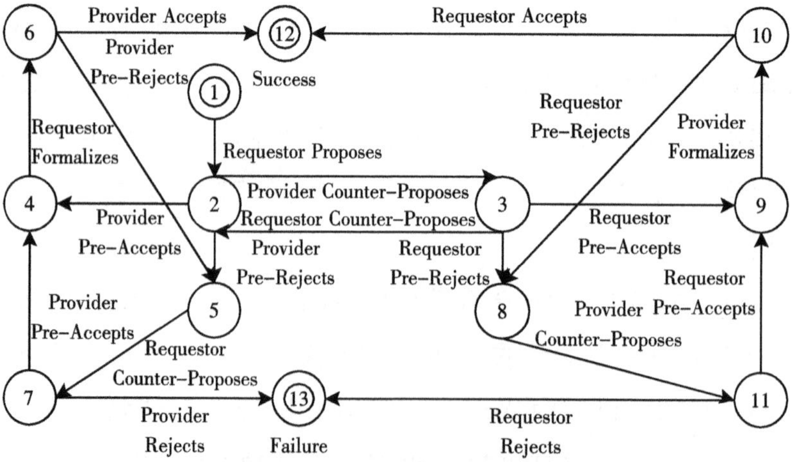

图 5-3 并发谈判协议的有限状态机

部分类似地描述产品供应方的预接受或预拒绝情况。

二、谈判算法

这个部分详细地描述了产品采购方和供应方谈判过程的谈判算法。整个谈判过程分两个阶段。①提议交换阶段。在这个阶段，谈判双方相互发送提议或反提议直到某个 Agent 发出预接受或预拒绝信息给另一方。②提议正式化阶段。在这个阶段中，如果某个 Agent 的提议被预接受，它将发出正式的提议，否则发出反提议。

对于这个采购方，如图 5-4 所示，有三种评价函数：反提议评价函数 1（Evaluate Counter Proposal 1）、反提议评价函数 2（Evaluate Counter Proposal 2）和正式提议评价函数（Evaluate Formal Proposal）。

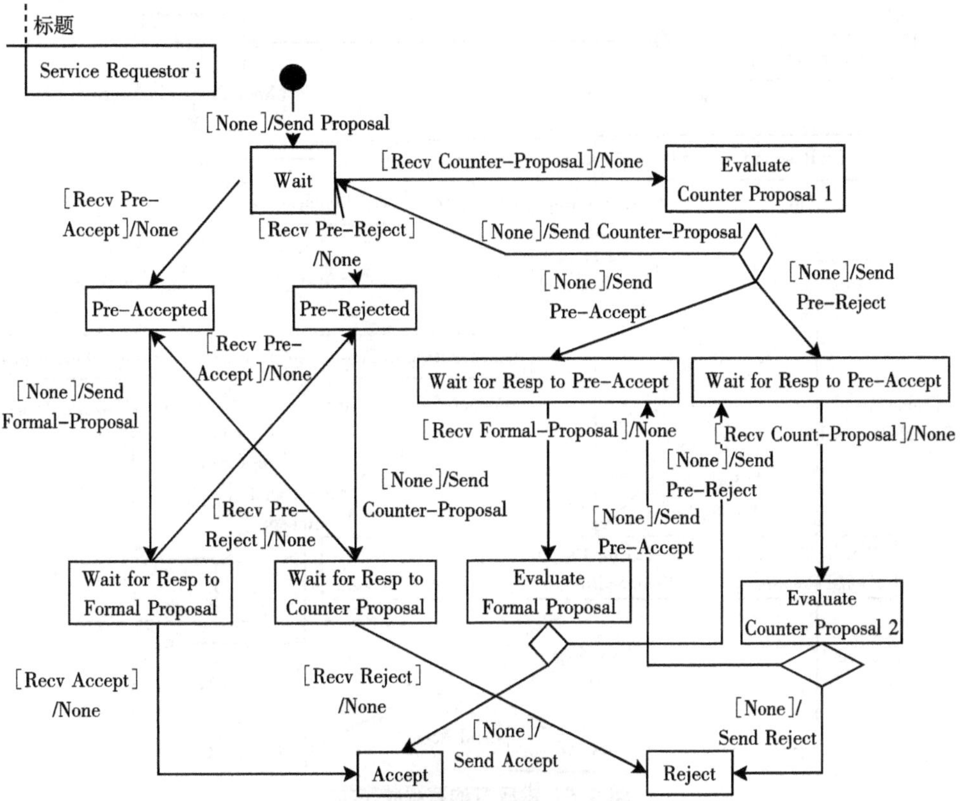

图 5-4 采购方的有限状态机

反提议评价函数 1 评价第一阶段的所有反提议。它评价来自供应方的反提议，然后根据评价的结果发出预接受、预拒绝或者反提议信息。反提议评价函数 2 评价第二阶段的所有反提议。如果那个发送者的提议是可接受的，它将收到预接受信息，否则收到拒绝信息。正式提议评价函数评价来自预接受 Agent 的标准化提议，如果提议是可接受的，它将发送给那个 Agent 接受信息，否则发送给他预拒绝信息。

对于产品供应方，如图 5-5 所示，也有三个评价函数：评价（Evaluate）、反提议评价 2（Evaluate Counter Proposal 2）和正式提议评价（Evaluate Formal Proposal）。评价处理那些出现在第一阶段的所有提议和反提议。根据评价结果，发送预接受、预拒绝或反提议。反提议评价 2 和正式提议评价与在采购方模型中的定义一样。

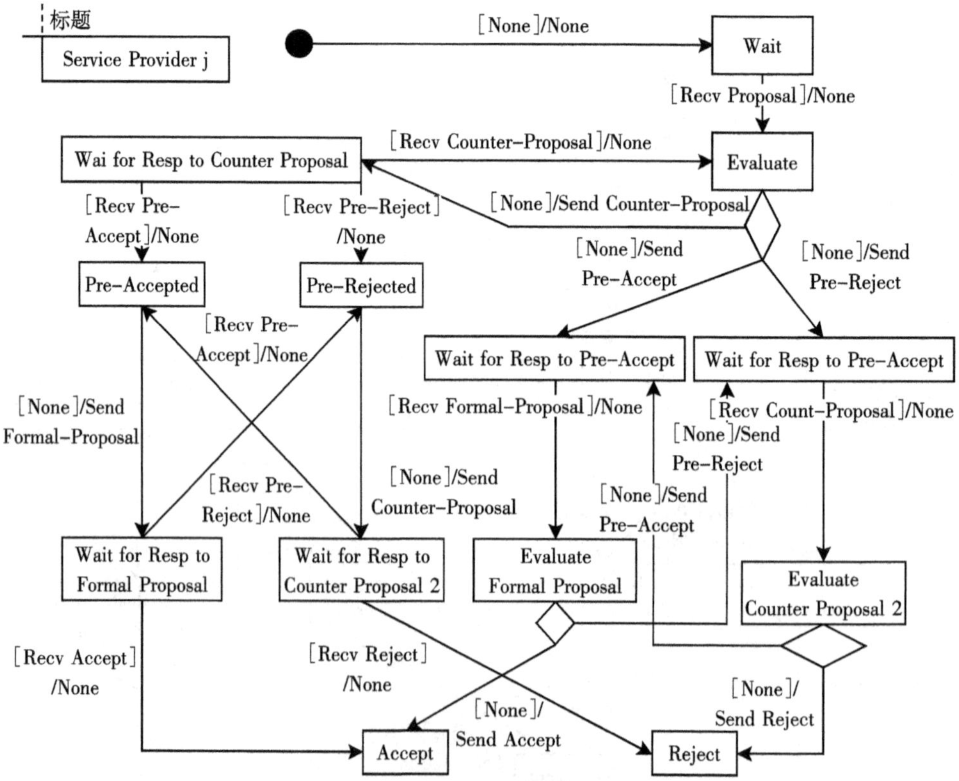

图 5-5　供应方的有限状态机

假定 Agent a 和他的对手集合 $B=\{b_1,\cdots,b_n\}$，定义包含 5 个标志的集合来标明 a 和 b_i 的谈判状态。让 $f^1_{a\leftrightarrow b_i}$ 表示谈判阶段一，$f^{2+}_{a\rightarrow b_i}$ 表示 a 预接受 b_i，$f^{2-}_{a\rightarrow b_i}$ 表示预拒绝 b_i，$f^{2+}_{a\leftarrow b_i}$ 表示 a 被 b_i 预接受，$f^{2-}_{a\leftarrow b_i}$ 表示 a 被 b_i 预拒绝。这些标志是独一的，如在某一时间只能有一个取真值。一旦某一个标志是真值，集合中余下的默认为假。假设与每轮谈判的时间

算法 1：

Algorithm 1：Negotiation Algorithm

```
Notations:
O is a proposal/counterproposal, Õ is a formal proposal, PA is Pre-Accept,
PR is Pre-Reject, PR is Pre-Reject;
A is Accept, R is Reject;
Initialization;
Set f¹(a↔b) = true for all bi ∈ B
If agent a is a requestor then
| Sends O(a→bi) to all bi ∈ B
Negotiation;
Whilet < td  do
| Wait for message  M(bi→a) bi ∈ B
| Switch current flag indicator between a and bi  do
| | Case f²⁺(a←b) = true
| | | If M(b→a) = A(bi→a)  then negotiation succeeds;
| | | Else if M(b→a) = PA(bi→a)  then sends O(a→bi), set f²⁻(a←bi) = true;
| | | Break;
| | Case f²⁻(a←b) = true;
| | | if M(bi→a) = R(b→a)  then negotiation fails;
| | | Else If M(bi→a) = PA(bi→a)  then sends Õ(a→b), set f²⁺(a←bi) = true;
| | | Break;
| | Case f²⁺(a→bi) = true;
| | | If M(b→a) = O(bi→a)  then
| | | | If  O(bi→a)  is acceptable then sends A(a→bi) to bi, R(a→bi) to all; bj ∈ B  j≠i
| | | | Else sends  PR(a→bi); sends PA(a→bi)  if bk's offer is accptable;
| | | | Sends R(a→bi) to all bj ∈ B, j≠i, k; set f²⁺(a→bi) = true, f²⁻(a→bi) = true
| | | Break;
| | Case f²⁻(a→bi) = true
| | | If M(bi→a) = O(bi→a)  then
| | | | If  O(bi→a) is acceptable then sends PA(a→bi), sends PR(a→bi), if bk's  Offer is formal-offer;
| | | | send  R(a→bi) to all bj ∈ B, j≠i, k; set f²⁻(a→bi) = true, f²⁺(a→bi) = true;
| | | | Else sends  R(a→b)
| | | | Break;
| | Case f¹(a↔bi) = true
| | | If M(bi→a) = O(bi→a)  then
| | | | If  O(bi→a)  is acceptable then sends PA(a→b) to bi sends PR(a→bi) to all; bj ∈ B  j≠i; set
| | | | Else sends  O(a→bi) f²⁺(a→b) = true, set f²⁻(a→bi) = true  for all; bj ∈ B  j≠i;
| | | Else if M(bi→a) = PR(bi→a)  then
| | | | Sends  O(a→bi), set f²⁻(a→bi) = true;
| | | Else if M(bi→a) = PA(b→a)  then
| | | | Sends  Õ(a→bi), sends PR(a→bi) to all bj ∈ B, j≠i; set; f²⁺(a←bi) = true;
| | | | Set  f²⁻(a→bi) = true for all, bj ∈ B, j≠i
```

间隔相比，信息的延迟时间是可以忽略的。在算法 1 中，信息是按着它们出现的次序被存储和处理的，在每一轮结束时发送返回信息。对于 Agenta 在时间 $t < t_d$（t_d 是谈判最后期限）时的详细算法被定义在算法 1 中。

因为假设 Agents 是自私的，可能会出现某个 Agent 为了削弱竞争在谈判第一阶段给出一个非常好的提议，然后在第二阶段给出一个较低的正式的提议。尽管他可能被其他谈判者的反提议击败，但是本书坚持执行一个避免这种情况发生的策略。一个正式的提议如果比预接受的提议差，将被确定为拒绝。在这种情况下，将从已经收到的反提议中选择最好的提议作为替代品。

三、谈判策略

谈判协议明确了一系列的行动，每一方根据这个行动进行谈判。然而这个协议本身不能保证谈判以一个有利的交易结束。为了最大化他们的效用，Agent 需要使用一定的谈判策略进行同时竞争性谈判。可以采用基于偏好的智能谈判策略作为优化谈判策略，使其适用并发谈判。

在并发谈判情况中，可以通过探索有效的提议或者反提议来加速谈判。Agent 可以在谈判开始的第一步选择让步或者非让步的策略。不同的 Agent（忍耐型的或非忍耐型的）将根据他们的时间关心程度选择不同的时间折扣因子，有依据地在每一时间步骤上降低提议。在让步或者非让步函数中，Agent 可以计算他们效用的产生因素，然后使用这个因素在谈判中引导他们的提议。

在采用该并发协议时，Agent 在谈判开始时给出一个组合属性提议，这个提议被赋予了这些属性的最高效用，然后逐渐让步，在谈判过程中给向谈判对方赋予较低效用的属性组合让步提议。在并发谈判中，每个谈判线程是一个多属性谈判过程，可以应用基于偏好的智能谈判策略产生提议。另外，该谈判协议可以处置并发谈判，一个谈判线程的结果可以用来影响其他线程的谈判。

第四节　基于互联网的并发谈判

一、协议模型语言

在电子商务环境中，采购和供应 Agent 为了进行谈判需要交互的协议。针对某一个给定的谈判协议，每一个 Agent 可以应用这个协议来实现他的谈判目标。协议本身必须是正确的、不模糊的、完整的和可证实的。表达正确的协议取决于具体的模型化协议的语言或工具。

传统上，有限状态机（FSMs）已经被使用于这个目的。有限状态机可以表示许多概念简单直接的协议。对于那些复杂的协议，有限状态机没有足够的表达能力去模型化更为复杂的交互过程，特别是含有并发行为的协议。Petri 网（PNs）的出现解决了有限状态机的模型化限制的能力。它们具有有限状态机的优点，满足了更多的表现和并发情形，这激励人们将 Petri 网应用到交换协议机制中。

有色 Petri 网在常规上等同于传统的 Petri 网，更为丰富的概念是有色 Petri 网容易模型化更为复杂的交互过程，这是传统的 Petri 网做不到的。有色 Petri 网有极大的优点，在模型化并发协议方面，它们提供：①一个相对简单和准确的标准化的模型；②一个直观的图形描述；③直接的解释状态的丰富表示；④支持并发；⑤为属性调查和证实的一个牢固的数学基础。由于具有较大的表现力和支持并发机制，有色 Petri 网被应用到该并发谈判协议中，作为执行简化和图形描述这个所构建的协议语言。

二、有色 Petri 网谈判协议

这部分将用先前定义的谈判行为描述谈判协议。本书使用有色 Petri 网作为模型工具，描绘了在一个电子商务环境中两个谈判 Agent 进行谈判的过程。图 5-6 显示了本书谈判协议的有色 Petri 网模型。在这个模型中 Tokens 包含动态分配的数据。弧符号描述了库所和变迁之间可能的数据流。当 Token 被附带了可能是任意复杂类型的数据值时，就被叫作有色 Token。对于一个给定的库所，所有的 Token 必须具有属于某个明确类型的颜色。有色 Petri 网中颜色集合的使用类似高级程序语言的数据类型的使用。颜色集合决定了 Token 的可能值。通常所谓的 CPN ML 的语言是用来陈述 CPN 的。本书使用简单的信息，它包含如下的范围，相关的变量名列表如下：述行语、发送者、接受者、内容和轮次。被定义的有色 Petri 网的颜色集如表 5-2 所示。

表 5-2 并发谈判协议中的有色集说明

Color PERFORMATIVE = with proposal | counter-proposal | formal-proposal |
pre-reject | pre-accept | reject | accept;
Color AGENTNAME = sting;
Color AGENTTYPE = with requestor | provider;
Color STATUS = with f^1 | f^{2-} | f^{2+};
Color ID = product AGENTTYPE × AGENTNAME × STATUS
Color VALUE = with float | int | string;
Color CONTENT = list VALUE;
Color MESSAGE = product PERFORMATIVE × ID × ID × CONTENT;
Color TIME = with int;
Var m: Message;
Var p, q: PERFORMAIVE;
Var c, d: CONTENT;
Var s, r: ID;
Var t: T;
Fun Acceptable (c: CONTENT);

在表 5-2 中，CPN ML 描述给出了一个正式的表达这个系统的谈判过程的方法。使用的信息是基于本书已经提出的谈判述行语。AGENTNAME 被定义为字符串型，AGENTTYPE 被定义为包含两个可能值：采购方和供应方的枚举型数据。STATUS 指示出不同的谈判状态，例如 f^1 说明 Agents 还没有一个发出预接受或者预拒绝的谈判状态，f^{2-}说明某个 Agent 已预拒绝其他 Agent 的状态，f^{2+}说明某个 Agent 已经预接受其他 Agent 的状态。ID 类型是 AGENTNAME、AGENTTYPE 和 STATUS 的产物。CONTENT 类型描绘多属性谈判中的可能谈判提议，被定义为整数型、浮点型和字符串型的一系列值。本书也定义了几个先前说明的类型和一个布尔函数 Acceptable（ ），把 CONTENT 变量作为一个证据，并且正如定义 5.2 中解释的一样给出一个真/假值。

图 5-6 基于有色 Petri 网模型，描述了电子商务的并发谈判协议。在图 5-6 中，有色 Token 代表着信息、弧、guard，变迁代表信息的产生和消失的机制，而库所代表谈判中 Agent 的状态。有色 Petri 网的状态由画作椭圆或圆的库所表达。每个库所具有一个相关的类型（颜色集），它决定了库所可以具有的某种数据。有色 Petri 网的颜色可能是任意的综合体，如包含整数、浮点数和字符串的范围的某个信息和像本书定义在表 5-2 中的名单。库所的类型被写在低于库所的左边或右边。由于所有的库所具有相同的类 MESSAGE，所以库所的类型定义被忽略了。

有色 Petri 网的一个状态被称为一个 Making 图。它由许多的分布在 CPN 中库所的 Token 组成。每个 Token 运载着一个值（颜色），它属于 Token 存在上面的库所类。存在某个独特库所的 Token 被称作库所记号。例如，一个可能的记号库所 1 MESSAGE 是 1′。

(proposal，a，b，v，0)，这个记号包含一个 Token，Token 带有值 MESSAGE = (proposal，a，b，v，0)，这里行为是 Proposal，发送 Agent 是 a，接受 Agent 是 b，在时间为 t = 0 时的提议是名为 v 的一个列表。

按照惯例，这个右上角符号（′）注明了这个 Token 的出现位置。一个初始的记号被用来描述一个系统的初始状态，依照惯例被写在库所的左上方或右上方。在本书的 CPN 中，这个库所 1 有一个初始记号，它包一个具有（proposal，a，b，v，0）值的 Token。开始时，剩余库所不包含 Token，因此对这些库所起始记号的说明被忽略了。

变迁描绘了 CPN 的行为，由矩形框表示。在图 5-6 中，有 19 个变迁，它模拟了不同谈判 Agent 在不同的谈判阶段执行的被给定的谈判行动。例如，这个变迁（Provider Counter-Proposes）有一个引入弧和一个引出弧。因此，这个变迁的发生事件将从库所 2 移走 Token，向库所 3 增加 Token。被变迁事件增加和移走的 Token 的数目以及它们的值是由与这个弧相关的弧表达式决定的。为了激发这个变迁，需要评价这个弧表达式，弧表达式会由于周围变迁的弧被分配数据值到这个弧表达式中的变量。这个变迁（Reguestor Propose）有在表 5-2 中显示的五个变量：PERFORMATIVE 类 p、ID 类 s、ID 类 r、CONTENT 类 c、和 TIME 类 t。假设通过执行下面的组合行动，赋予数值到变迁的变量中。

P←proposal，s←a，r←b，c←v，t←0

至于这个弧表达式，它可能是附在每个变迁上的具有变量的布尔表达式。这个布尔表达式被称为 Guard。它明确指出只能接受这个布尔表达式评价为真的组合条件。例如，这个变迁（Provider Counter-Propose）使用一个 Guard：

[p = proposal|counter-proposal，r. STATUS = f¹，acceptable（c）= false]

上边的 Guard 是一个布尔表达式列表，只有所有的表达式为真它才为真。这些表达式是直接的，只有一个例外是 r.STATUS 这个弧表达式。运算符号“.”是用来析取来自 ID 类的变量中的 STATUS 信息，当然 ID 类是 AGENTNAME、AGENTTYPE、STATUS 的产物。

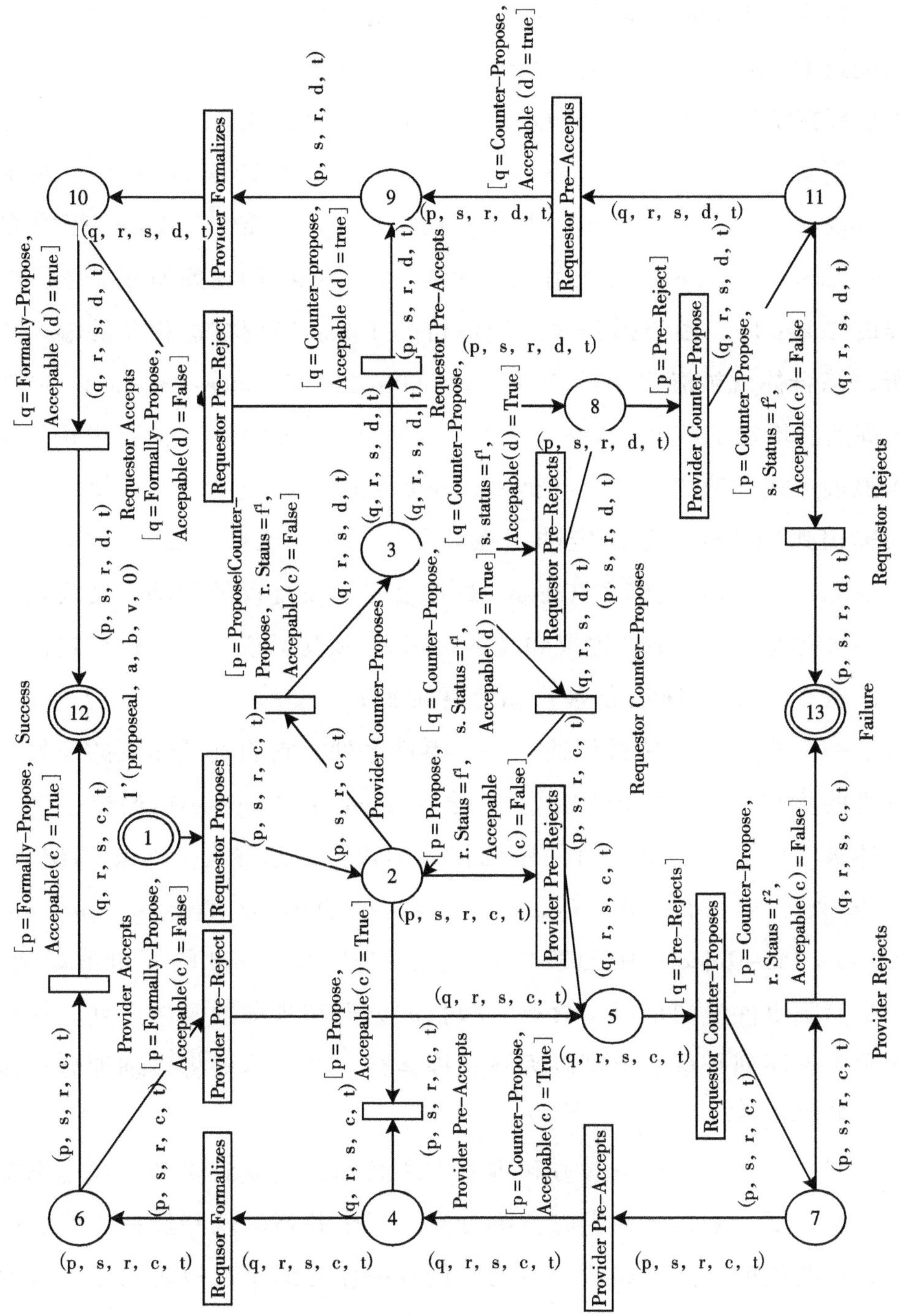

图 5-6　基于有色 Petri 网的并发谈判协议

为了激发 Marking 图中的变迁，必须具有向出现在相关弧表达式和变迁 Guard 中的变量组合赋值的能力，例如，①每一个弧表达式评价出现在相关的输入库所中的 Token；②任意的某 Guard 是否令人满意。

例如，一个（Provider counter-propose）变迁事件移走了具有（proposal，a，b，v，0）值的 Token。在初始 Marking 图中的（Requestor Proposes）变迁消灭了库所 1 的 Token 而在库所 2 产生了同样的 Token 后，由于弧公式已经估价的 Token 出现在这相关的输入库所，综合体就被激发了。变迁事件（Provider Counter-Proposes）向输出库所 3 增加了一个 Token。从输入库所移过来的 Token 值是由相关输入弧表达式的值决定的。相似地，增加到输出库所的 Token 值是由相关输出弧表达式的值决定的。在评价了 Guard 之后，变迁（Provider Counter-Propose）更新了 Token，即改变了对反提议的行动、交换发送者和接受者、更新他的提议和增加时间 t。换句话说，在任何变迁的每一次激活之后，时间 t 都被自动地更新加 1。

一个 CPN 的实施被记述成一个事件序列。它明确了达到的记号和发生的步骤。在初始记号上，变迁（Requester Proposes）通过一个综合体被激活。然后这个事件序列被继续执行。这导向一个新的记号，在这个记号（Provider Counter-Propose，Provider Pre-Accept，and Provider Pre-Reject）中的某个变迁被联合体和 Guard 的评价值激活。一个有限事件序列是指包含有限数目的记号和步骤的事件序列。一个无限事件序列是指系统可以无终止地运行。之后本书将详细地分析该协议的终止条件。

图 5-6 模拟了在采购方和供应方之间的并发成对谈判。在本书提议的协议下，采购方和供应方都能管理几个并行的谈判过程。为了简化，一些约束条件，如休息时间和例外操作在图中都被忽略了。重要的是注意谈判协议被程序化涉及弧公式和 Guard，但是 Agent 的谈判算法没有在上面的图中表示。这个谈判算法将在下面的章节中阐述。

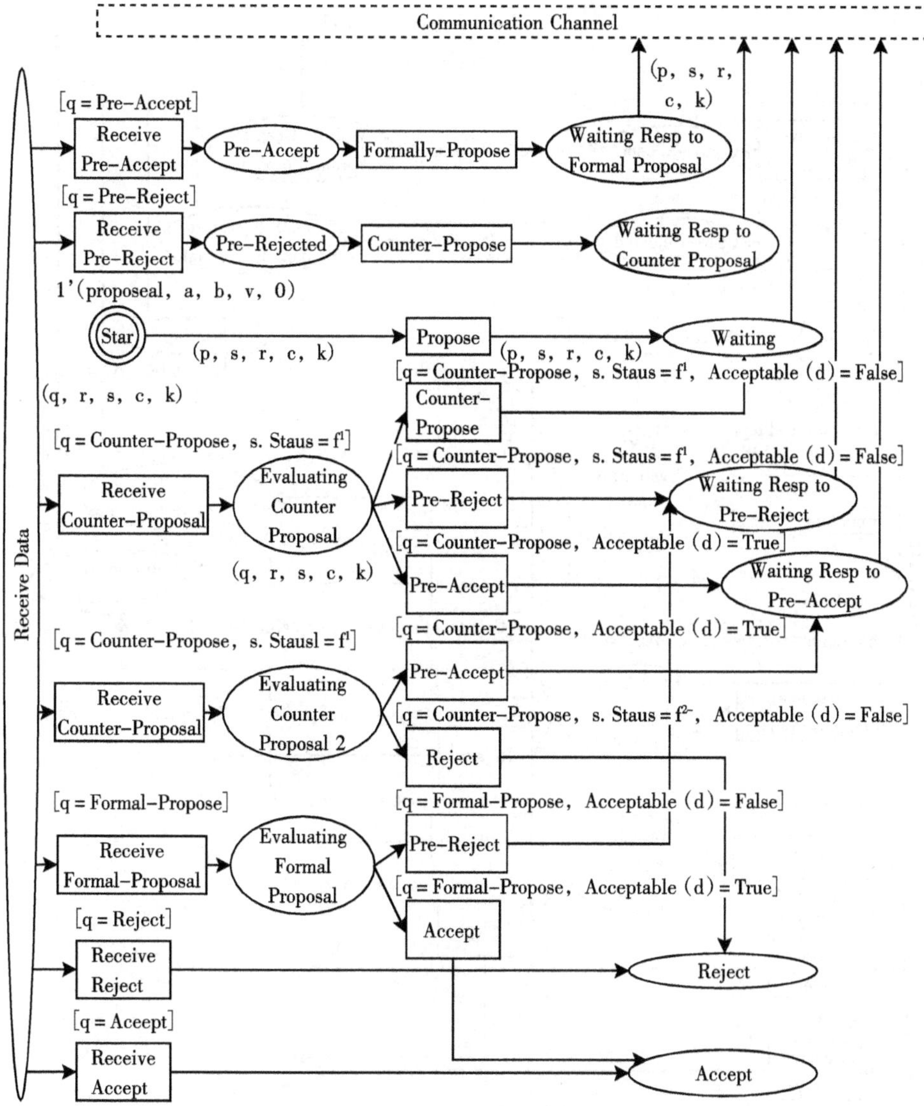

图 5-7　采购方的有色 Petri 网

三、基于 CPN 的谈判算法

Petri 网较好地适合模型谈判过程，因为有许多可使用的针对 Petri 网的模拟工具。本书将用 CPN 模型来描述针对采购方和供应方提出的谈判算法。用先前章节定义的有色集和约定，本书在图 5-6、图 5-7 和图 5-8 中通过 CPN 的 Guard 和弧公式图示说明谈判机制。

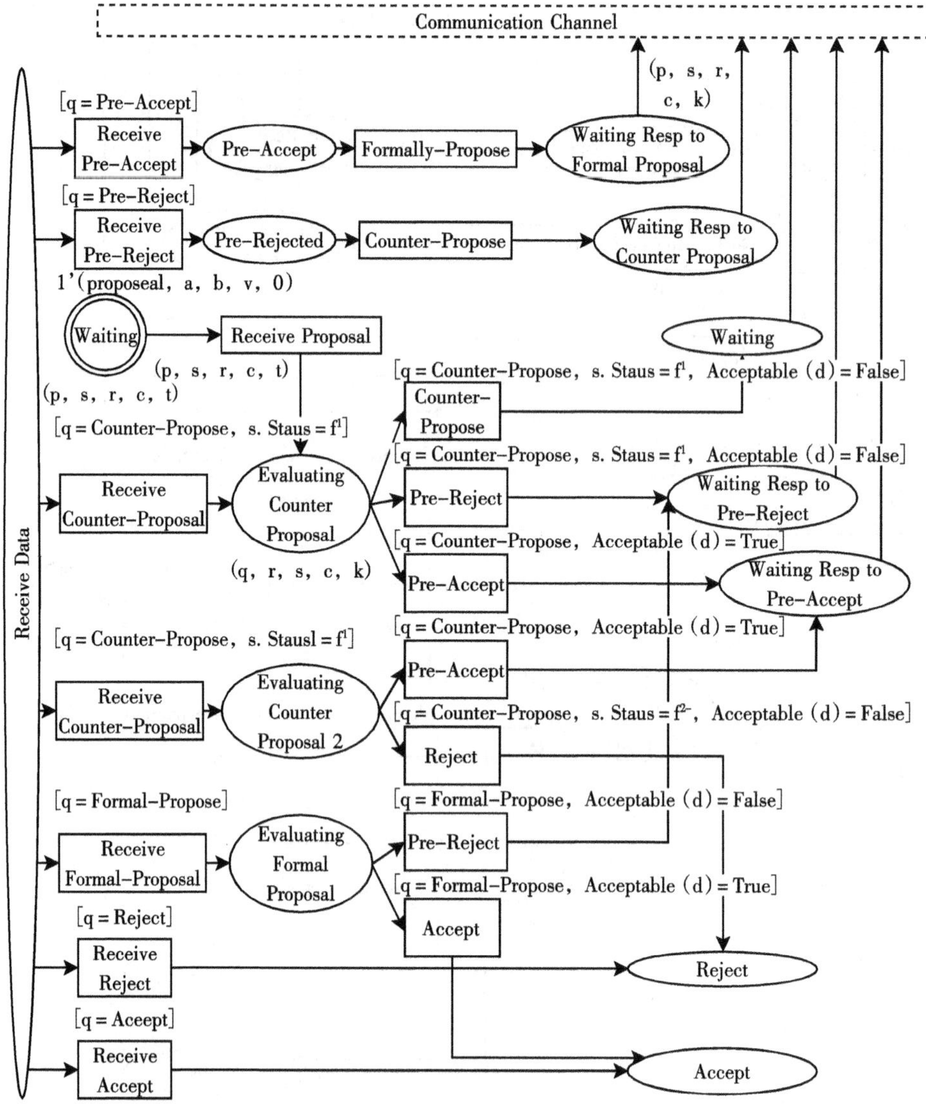

图 5-8 供应方的有色 Petri 网

第五节　并发谈判协议性质及分析

一、并发谈判协议性质

本节分析协议的属性，特别是终止和活跃度属性，并且证明本书的谈判过程是在有限步骤后结束。有色 Petri 网实施起来相对简单，它是用一系列的技术和工具实施形式化分析。此外，CPN 有能力证实协议的属性。正如 Rost 等所述，可以针对一系列的特性检查 CPN。假定某个 CPN，人们可以对影响性有兴趣：这个初始记号能够引导出正确的谈判结果吗？可以对活跃度有兴趣：谈判过程是否进入了没有任何进一步活动发生的死锁状态？本节分析了除终止性质、相容性和效力之外的所提协议的一些特性。以图 5-6 的有色 Petri 网为基础，本书分析了并发谈判协议的一些性质。

性质 1：假定一个 Agent a 和他的谈判对手 Agent 集合 B，这个谈判协议可以确保：只有对于所有的集合 B 中 Agent 的谈判阶段一已经完成了，Agent a 才开始谈判阶段二。

证明：当 a 发现一个可接受提议时，谈判阶段二就开始了。①因为一个 Agent 不可能到达预拒绝状态，除非某一个和他处在同样谈判位置的 Agent 处在了预接受状态，并且他同样不可能到达拒绝状态，除非某一个和他处在同样谈判位置的 Agent 处在了接受状态，因此这被拒绝/预拒绝的 Agent 知道至少有一个竞争者比他们提供的提议较好。这是由谈判算法设定的。②一个 Agent 不能发送他的正式提议，除非所有的跟他处在同样位置的 Agents 已经收到了预拒绝信息并且给了这些被预拒绝的 Agents 发送给对手反提议的机会。在图 5-6 中有两个途径导致采购方进入正式提议状态（1–2–4–6，1–3–5–7–4–6）。采购方需要被预接受（状态 4）才能达到正式状态（状态 6）。因此，在 a 达到他的正式状态之前，所有的其他采购方已经接到了预拒绝信息，因为供应方会同时发送给 a 预接受信息和给其他采购方发送预拒绝信息。类似地，从供应方角度也可证实。

性质 1：解决了并发冲突，确定了谈判过程的一致性。

性质 2：假设采购方集合 A 和供应方集合 B，A 和 B 中的 Agents 在使用本书的谈判协议进行的一次谈判会在有限步骤后结束。

证明：从图 5–6 中可以看到，在谈判过程中有三个循环发生：①一个循环在状态 2 和状态 3 上，例如，采购方和供应方保持反提议交换；②一个循环在状态 5、状态 7、状态 4 和状态 6 上，例如，采购者遭受反提议欺骗被预接受了，然后在发出正式的提议状态上被预拒绝了；③一个循环在状态 8、状态 11、状态 9 和状态 10 上，在这个循环中供应方遇到了与在②中采购方同样的情形。为了证明协议将在有限的步骤结束，必须证明上述的三个循环是非无穷序列的循环。

（1）在循环 2–3 状态里，Agents 保持交换反提议，使用的是交替发送提议协议。在这个协议下，Agent 在谈判开始时先提出一个效用最高的提议，然后逐渐地在谈判过程中让步，发送给谈判对方效用较低的提议。如果 Agents 想要在这个冲突交易上达成一个协议，那么他们必须让步，报出更能让谈判对手接受的提议。这个原理被应用到所有的并发谈判线程。许多现存的机制可以确保 Agents 在谈判过程中保持进步。在预先定义的最小跳跃参数 ε 下，某个 Agent 将最终预接受谈判对手的反提议并退出这个循环（1）或者时间到了。同样当某个 Agent 的谈判对手预接受了其他谈判线程的同样谈判位置的 Agent 时，他就会被开除出循环（1）。

（2）在循环 5–7–4–6 状态上，被预拒绝的采购方发送他的新的反提议给供应方并且被预接受了，然而他的正式提议被预拒绝了，这个采购方又一次不得不发送新的反提议。当有彼此保持竞争的采购方时，这种情况就发生了。假设供应方 b 与具有 n 个元素的采购方集合并发谈判，其中包括一个预接受采购方 a_0 和 n-1 个被预拒绝采购方的集合 A′。在供应方受到这个正式的来自 a_0 的提议和来自集合 A′的反提议后，让 a_i 作为来自集合 A′最好的一个反提议，通过比较来自 a_0 和 a_i 的提议，本文可以推出如下结论：

①如果效用 $U_b(O_{a_i \to b}) \leq U_b(O_{a_0 \to b})$，$a_0$ 将被接受并且到达状态 2，而所有的来自集合 A′中的采购方将被拒绝并且到达状态 13，这个谈判结束。

②如果效用 $U_b(O_{a_i \to b}) > U_b(O_{a_0 \to b})$，$a_0$ 将被预拒绝并且到达状态 5，采供者 a_i 将被预接受并且进入状态 4，而所有其他的 Agents 被开除出循环，只有 a_i 和 a_0 留下。只要一方在两个连续轮上出价高于另一方，谈判就结束了。当 a_i 和 a_0 保持交替的出价高于对方微小的量时，会发生无限循环，这可以通过在协议中预先定义最小的增长参数 ε 或者强迫时间约束来阻止。因为如果他们能较早地达成交易，双方都将获益，所以这个供应方应当考虑在阶段二所收到提议的时间因素。例如，在比较两个提议之前，一个时间折扣函数 $\delta(t) < 1$（如一个随着时间变化，其值成指数减少的标准化的函数）被应用到那些经过两个以上状态进入标准化提议的反提议上。因此在这个协议下，反提议需要出价高于正式提议，以便战胜它，所以谈判将在有限的步骤内结束。

性质 3：假定采购方集合 A 和供应方集合 B，在使用本书的并发谈判协议下，Agent 集合 A 和 B 之间的谈判过程比一系列的顺序双边谈判更具有效性和鲁棒性。

证明：由于并发谈判既具有时间效率又具有鲁棒性，所以受到许多研究者的关注。在这个并发协议下，谈判 Agent 可以有两个主要组件：一个协调者和许多的谈判线程。这个协调者负责协调所有的谈判线程，选择最好的提议，也为谈判线程选择合适的谈判策略。这个谈判线程直接与各个对手交往，在阶段一负责决定发送给对方什么提议和预接受什么提议。在每一轮谈判，这个线程要报告他们的状态给协调者，然后协调者将向其他谈判线程通报，使用某个线程的进步来更改其他线程 Agent 的行为。例如，其他线程不能接受或者发出比已经接收到的某个线程的最好的提议差的提议，可以依据来自协调者的状态报告改变他们的策略。另外，同时具有多个候选人的谈判可以减轻由冲突交易引起的失败情形。因此，它比序列谈判更具有效性和鲁棒性。

二、分析

本书的协议明确了行动，无论哪一方都可以跟随这个行动进行某个交易的谈判。这个协议比扩展合同网协议更灵活，因为 Agents 之间可以交换反提议。这个协议本身不能保证谈判以达成交易结束。参与双方都需要采纳一定的谈判策略来保持谈判过程的进行。

在这个协议下，并发谈判过程可以在两个级别下执行：上部的级别处理多个谈判过程的协调，试图减小不同谈判线程间的冲突概率；下部的级别处理各自谈判过程的执行。一个谈判 Agent 包含两个主要组件：一个协调者和许多的谈判线程。这个协调者负责协调所有的线程，解决他们之间的冲突。这个谈判线程直接接触各个谈判对手，负责决定发送什么反提议和接受什么提议。在每一轮谈判，这个线程向协调者报告状态，协调者将更新其他线程的状态，使用某个线程的进步去更改在其他线程中的 Agent 的行为。因为涉及更多的谈判线程和属性，计算成本变成关键因素，所以一些像联合交易的策略被各个谈判线程采纳，以便使谈判更有效。联合交易也可能减少信息堵塞问题，通过减少计算成本在许多的谈判线程之间分配信息。

本书认为，承诺在谈判中的参与者之间是对称关系。本书的协议让这个谈判参与者保持持久的承诺，减少出现违约情形的可能性。算法 1 显示了本书的协议针对采购者和供应者双方是中立的。因此，本书的协议可以削减出现单方面违约的情形。

在谈判阶段二，Agent 实施的过程与最后一轮首价拍卖相似。因为这是那些谈判中被拒绝的 Agent 的最后尝试，其实施的主要策略是让 Agent 说真实的保留价，即他们的反提议接近他们的保留价。在这个时候，若他们不想失败就得提供不得比保留价低的提议；若他们不想获胜，就提供比保留价高的提议，进而得到负收益。因此，这个协议使谈判更有效。这个真实性质的揭示将被进一步探索。

本章小结

本章提出了一个支持竞争环境中的多对多双边多属性谈判协议。该协议综合了两阶段承诺协议和合同网协议，这个协议提高了以下的技术发展水平：①使买方和卖方同时参与几个谈判过程；②给出的谈判过程避免了现存的一对多谈判中偏向参与谈判的某一方的情况；③提出的谈判算法减少了谈判双方发生违约情况的数目；④改进了谈判效率和鲁棒性；⑤分析了所提协议的一些积极特性；⑥探索有色 Petri 网在模型化和分析通信交互中的使用给了 Agent 采用针对并发多属性谈判的层次策略的可能性。层次策略包括一个高层次的协调水平和一个低层次的个人谈判水平。在这个环境中，一方或多方自私的 Agent 可以提供产品或服务给一方或多方。通过扩展现存的谈判协议，本章给出的谈判协议使产品提供方和产品需要方并行管理各自的谈判过程。进一步讲，本谈判协议减轻了众所周知的一对多谈判偏向谈判一方的情形，并且能保持长久的诚信和削减失信情况。本章还讨论了与并发的多属性谈判相关的另外问题。

第六章　电子商务多属性智能谈判系统设计

本章主要进行电子商务多属性智能谈判系统的设计。首先，针对智能谈判系统提出系统开发的技术路线，确定技术选型；其次，根据所选用的技术标准进行智能谈判系统各组成部分的详细设计，重点要设计 Agent 的内部功能结构；最后，以一个案例说明系统的主要功能。

第一节　电子商务多属性智能谈判系统开发技术路线

本节提出多 Agent 智能谈判系统开发的技术路线，包括系统开发基本原则和技术分析两个部分。技术分析部分分别针对谈判 Agent 体系结构、系统通信机制和系统总体架构三个方面给出可行方案。

一、基本原则

针对智能谈判应用领域的特殊性，结合多 Agent 系统开发的方法论，提出以下多 Agent 智能谈判系统开发的基本原则。

（1）采用面向 Agent 和面向对象相结合的方式开发智能谈判系统。多 Agent 系统的分析与设计还没有严格系统的方法可循，但是面向对象的技术已发展成为一种成熟有效的方法，并被软件开发人员所熟知，因此在当前的技术条件下进行多 Agent 智能谈判系统的开发，应该多借鉴面向对象的方法论和技术。

（2）谈判 Agent 体系结构的设计和实现应尽量参考已有成功模式。本质上，Agent 的体系结构是实现 Agent 的模板。从头设计符合智能谈判需求的 Agent 体系结构无疑是错误的做法，这样做会使整个系统开发周期延长，容易犯前人犯过的错误，给实现造成困难，无法复用已有基础设施，从而加大工作量和失败的可能性。

（3）尽量利用现有的软件 Agent 开发平台，而不是什么都从头做起。现在已经有了很多面向 Agent 的软件开发平台，这些平台提供给多 Agent 系统实现所需要的基础设施，如消息处理、跟踪和监控、运行管理等。多 Agent 智能谈判系统不关心这些底层的基础设施实现，而把宝贵的开发时间用于智能谈判业务逻辑、通信逻辑的实现。

二、谈判 Agent 体系结构实现技术分析

谈判 Agent 是由各种认知部件（信念、愿望、意图）组成的具有智能谈判能力的软件实体。这些认知部件的内容定义了 Agent 的认知状态，Agent 基于其内部的认知状态自主地做出谈判行为决策。这有别于传统结构化程序设计中的基本模块单元——过程和函数，以及面向对象的程序设计中的基本模块单元——对象。因此，谈判 Agent 的体系结构并不适合使用传统的面向过程或面向对象的程序设计方法进行开发，而是需要面向 Agent 的程序设计（Agent Oriented Programming，AOP）思想的支持。

面向 Agent 的程序设计语言是面向 Agent 的程序设计思想的具体化，是支持面向 Agent 的程序设计的基本工具。至今，已经提出了许多面向 Agent 的程序设计语言。根据这些语言实现技术的差异，可大致分为三类：基于 LISP 技术、基于逻辑技术和基于对象技术。

（1）基于 LISP 技术的 Agent 程序设计语言采用 LISP 的语法形式，

用类似 LISP 的语句来表示 Agent 的内部组成成分、行为和通信。这类语言具有良好的理论基础和严格的语义定义，并采用符号处理的方式来解释和执行所编写的程序，能够较好地用于实现具有知识型和认知型体系结构的软件 Agent，代表性工作是 Shoham 提出的用于验证 AOP 思想的 AGENT-0。

（2）基于逻辑技术的 Agent 程序设计语言采用逻辑系统来表示和定义 Agent 的认知部件和行为，具有良好的理论基础和严格的语义定义。这类语言将 Agent 视为一个定理证明器，将 Agent 执行过程视为一个定理证明过程，每个 Agent 用一组可执行的逻辑公式来描述和定义。代表性工作是 Fisher 提出的基于可执行时序逻辑的并发 METATEM 语言。

（3）基于对象技术的 Agent 程序设计语言利用面向对象的软件开发技术，通过对现有面向对象的程序设计语言进行扩充，为面向 Agent 软件系统的开发提供程序设计语言级的支持。这类语言将 Agent 视为特殊的对象，通过提供一组封装了 Agent 内部功能的预定义类来支持对 Agent 的编程实现，能够较好地用于实现具有认知型和反应式体系结构的软件 Agent。代表性工作是 Agent-Software 公司开发的 JAL 语言。

JAL（JACK Agent Language）是一个基于 Java 语言的 Agent 程序设计语言，是 Agent 集成开发环境 JACK TM Intelligent Agent 的组成部分。JAL 在 Java 类库的基础上定义了一组封装和实现了 Agent 基本功能的类和接口。程序员可以通过重用这些类来开发面向 Agent 的软件系统。此外，JACK 集成开发环境提供了一个 JAL 编译器和一个核心运行引擎，编译器负责将 JAL 代码编译为纯 Java 代码，而 JACK 核心运行引擎提供了 JAL 程序运行所需的底层基础设施和功能。用 JAL 实现的 Agent 具有以下两方面的特性：

（1）反应性，即事件驱动能力。Agent 能接收系统预定义的事件并做出预定义的反应，这些事件可以是内部事件（自己发送给自己的事件），也可以是外部事件（环境中发生的事件或其他 Agent 发送过来的消息）。

（2）慎思性，即目标导向能力。Agent 具有明确的目标并能够根据预定义的策略来实现目标，这些目标可以是外部引发的（如其他 Agent 请求的），也可以是内部引起的（如 Agent 信念发生变化）。

程序员可以使用反应特性实现反应式 Agent，使用慎思性实现 BDI 式 Agent，或者二者结合实现混合式 Agent。

综合以上分析，多 Agent 智能谈判系统开发过程中将以 JAL 为工具实现谈判 Agent 体系结构，原因有以下几点：

（1）基于 LISP 技术和基于逻辑技术的 Agent 程序设计语言发展均不成熟，尚处于试验阶段，基本上未投入工业化应用，而且这些语言与其他高级语言在集成和兼容方面还存在技术上的问题。

（2）多 Agent 智能谈判系统主要针对网络应用，将普遍采用 Java 技术进行系统开发。JAL 自身基于并完全集成了 Java 语言，其代码最终也将转化成 Java 代码。相比之下，JAL 较其他语言在这方面更具优势。

（3）JAL 将 Agent 视为自主、理性的特殊对象，混合了 BDI 和反应式两种体系结构，既能表现目标制导的自主行为，又能做出事件驱动的反应式行为，恰好符合谈判 Agent 体系结构实现的要求。

三、智能谈判通信实现技术分析

在智能谈判系统中，谈判 Agent 之间的交互是一种高层的社会性交互，通过 Agent 通信语言来实现。Agent 通信语言实际上是一种特殊的消息传递格式，它不仅能清晰地表示 Agent 之间交互的意图，而且能详尽地表述交互的内容，从而能有效地促进 Agent 之间的复杂协作。这有别于面向对象的程序设计中对象间的消息传递，对象之间的消息传递本质上是一种方法激活。Agent 间通信的实现离不开对 Agent 开发平台的应用。

Agent 开发平台基于 Agent 概念和技术，为 Agent 系统的开发提供全方位的支持，如支持通信、安全、目录管理等服务。其中，支持通信的实现是当前可应用于工程化的 Agent 开发平台最重要的性质之一，甚至有学者认为，一个软件系统当且仅当它支持 Agent 之间的通信时，才可称为 Agent 开发平台。使用 Agent 开发平台可减轻开发人员的工作负担，从而有助于快速、高效地开发和部署面向 Agent 的软件系统。

自 20 世纪 80 年代以来，作为 Agent 技术应用的主要推动力，Agent 开发平台的研究和应用一直受到学术界和工业界的高度重视。到目前为止，已经推出了数十种 Agent 开发平台工具，但也造成了严重的异构问题，主要表现在程序设计语言异构、网络传输协议异构、操作系统异构、通信语言异构、Agent 体系结构异构等。这些异构性阻碍了 Agent 开发平台的广泛应用，尤其是 Agent 系统间的互操作。为此，学术界和工业界开始致力于 Agent 技术的标准化工作，制定出了一些业界通用规范。规范内容通常都是以 Agent 通信语言为核心展开的，这是因为，规范的通信语言是解决异构 Agent 系统之间互操作的根本途径。典型的规范有 KSE 的 KQML 规范、智能物理 Agent 基金的 FIPA 规范。

根据所遵循规范的不同，可将目前面向 Agent 的开发平台分为面向 KQML 的工具和面向 FIPA 的工具。面向 KQML 的 Agent 开发工具典型的有斯坦福大学开发的用于构建多 Agent 系统的 Java 软件开发包 JATLite、由英国 Telecommunication 公司开发的 Zeus 等；面向 FIPA 的 Agent 开发平台典型的有意大利电信实验室研制的基于 Java 语言的集成 Agent 开发平台 JADE（Java Agent Development Environment）。

KQML 规范是 20 世纪末的产品，最高版本为 97 版，近些年没有新的发展，以 KQML 规范为设计蓝本的 Agent 开发工具和平台也都渐渐退出历史舞台，因此现在开发多 Agent 系统并不适合采用这些工具。FIPA 自 1996 年成立以来，一直保持着强劲的发展势头，制定了一系列的规范，目前最新的规范版本为 FIPA2000。而且，FIPA 规范较 KQML 更为全面，内容不仅涉及 Agent 通信语言，还有 Agent 生命周期管理、体系结构、交互协议等。可以预见，FIPA 规范终将成为业界未来的统一标准，以 FIPA 规范为设计蓝本的 Agent 开发平台也将保持良好的发展态势。

综上所述，开发多 Agent 智能谈判系统将全面采用 FIPA 规范，同时在众多面向 FIPA 规范的 Agent 系统开发平台中，将选择 JADE 作为开发工具对系统进行实现。原因有以下几点：

（1）JADE 是目前对 FIPA 规范执行最彻底的 Agent 系统开发平台，并保持与 FIPA 规范的同步更新，引领了 Agent 技术的发展方向。

（2）JADE 平台提供了完善的 Agent 生命周期管理机制、命名服务、目录查询服务，并且有很好的安全性方面的保障。这些底层的支持可以大大减轻系统开发强度，程序员可以将更多的精力用于实现谈判 Agent 的业务逻辑，从而加快系统开发速度。

（3）JADE 用 Java 语言编程，这符合智能谈判系统总的开发要求。

（4）JADE 版本在不断更新中，目前最新版本为 2006 年 3 月发布的 3.4 版，这对用 JADE 开发的系统而言，具有长远发展的优势。

（5）JADE 是开放源代码项目，软件可免费获得，为系统开发提供了便利。

四、系统总体实现技术分析

上面讨论的软件 Agent 技术只是智能谈判系统的局部实现技术，而面向电子商务的智能谈判系统本质上是网上电子商务应用系统的子系统，因此，它的整体实现技术离不开现有的网络应用程序开发技术。目前，主要存在两种相互竞争的技术：SUN 的 J2EE 技术和 Microsoft 的.NET 技术。

.NET 技术可对企业级应用提供较好的支持，与现有的基于

Windows 的应用容易结合，而且易于被开发人员接受。但是，.NET 技术只支持 Windows 操作系统和有限的硬件平台，不能支持功能强大的 Unix 服务器、Linux 操作系统以及其他硬件平台，对分布式事务处理的支持能力有限，技术体系复杂，如开发语言有 C#、C++、VB.NET 等，在效率、安全性方面存在不足。

J2EE 基于 Java 技术体系，具有“一次编译，随处运行”的优良跨平台性能，支持所有硬件和操作系统平台，技术规范全面，系统可扩展性更强，后期维护费用较低，只需用 Java 一种语言，开发效率较高。面向电子商务的智能谈判系统的总体实现采用 J2EE 技术体系。原因如下：

（1）智能谈判系统的服务对象可能是互联网上各种异构电子商务应用系统，这些系统可能存在着硬件环境、操作系统、开发语言等方面的异构，智能谈判系统要满足这些系统的要求，就必须具有跨平台特性，而 J2EE 技术体系可为智能谈判系统提供这方面的支持。

（2）如前所述，智能谈判系统开发用到的软件 Agent 技术都是用 Java 语言实现的，JADE 提供了与 J2EE 配合使用的接口，可以实现智能谈判系统中 Agent 管理体系和 J2EE 的无缝对接，因此选用 J2EE 作为整体实现技术也是出于系统技术体系一致性的考虑。

（3）本书关于智能谈判系统研究的前身是谈判支持系统的研究，已经开发的谈判支持系统全面采用 J2EE 体系架构，包括电子商务谈判中的主要功能，如客户管理、信息发布、谈判定义、谈判支持、合同文档生成等，这些为谈判提供过程支持的功能部件在智能谈判中都有用。事实上，智能谈判系统就是在谈判支持系统的基础上加入软件 Agent 技术，使得系统中的谈判实体具有自主计算能力。因此，如果将谈判支持系统看作是一个遗留系统（Legacy System），那么智能谈判系统实际上是对这个遗留系统进行了一次 Agent 功能封装。从这个意义上讲，当然是采用统一的技术体系能达到更好的效果。

第二节 电子商务多属性智能谈判系统设计

一、智能谈判系统体系结构

根据上一节关于技术分析方面的讨论，本书确定了 J2EE 体系结构与 JADE 体系结构相结合的智能谈判系统总体架构设计方案，如图 6-1 所示。

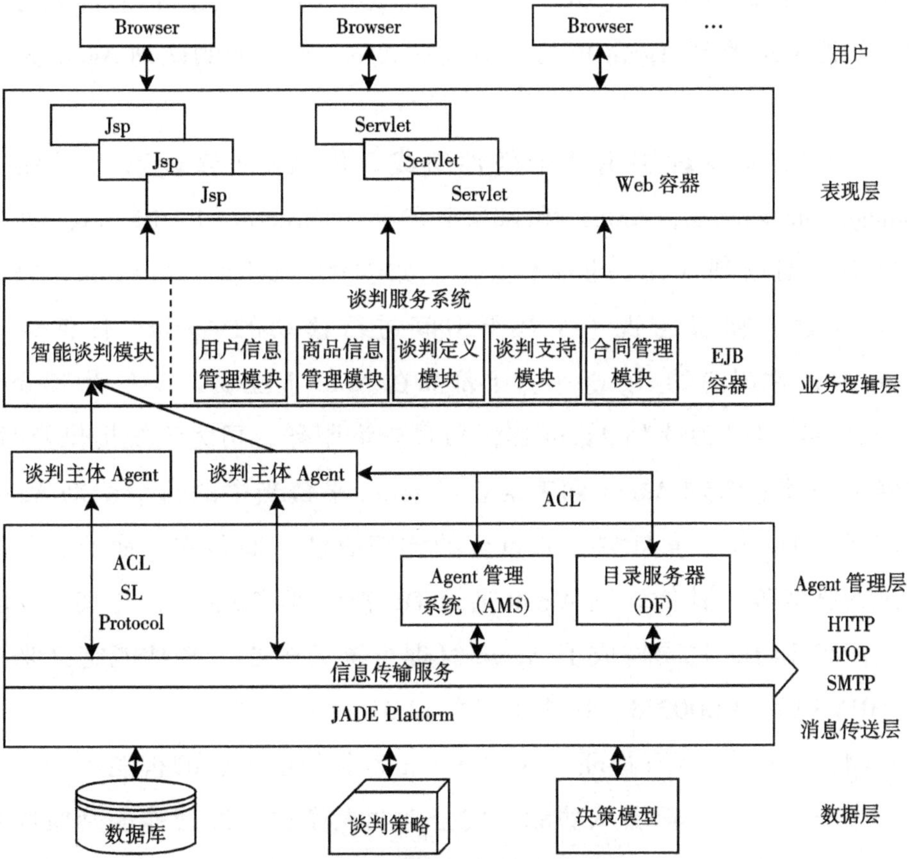

图 6-1 智能谈判系统体系结构

如图 6-1 所示的智能谈判系统体系结构直观地可分为五层，是在典型的 J2EE 三层体系结构，即数据层、业务逻辑层和表现层的基础上，扩充了与 Agent 管理服务相关的消息传送层和 Agent 管理层。下面由下而上逐层介绍：

（1）数据层主要包括智能谈判系统所用到的数据库，以及谈判 Agent 在智能谈判过程中所用到的决策模型和谈判策略等。其中，数据库不仅要对智能谈判运行时的数据进行管理维护，同时也对谈判进行过程支持的各个系统功能模块数据进行管理，如用户信息数据、商品信息数据等。

（2）消息传达层负责为系统中的谈判 Agent 传递 FIPA ACL 消息，同时，也可通过 HTTP、IIOP、SMTP 等协议与其他 Agent 平台进行通信，使得本地谈判 Agent 可与其他远程 Agent 平台上的谈判 Agent 进行交互。

（3）Agent 管理层由两个部件组成，即 Agent 管理系统（Agent Management System，AMS）和目录服务器（Directory Facilitator，DF）。AMS 管理对谈判 Agent 的基本操作，如创建、删除一个 Agent，修改 Agent 描述，或者监视一个在平台间进行移动的 Agent。任何谈判 Agent 驻留在当前的 Agent 平台上都需在 AMS 上注册，AMS 为其分配一个 ID 号。DF 为谈判 Agent 提供黄页查询服务，可为系统提供及时、准确、完整的谈判 Agent 列表信息。Agent 平台当中的每个谈判 Agent 都需通过 DF 及时向外界公布自己的详细信息，如名称、地址、所能提供的服务等，其他谈判 Agent 通过 DF 查询到该 Agent，与其建立联系。AMS 和 DF 共同构成了 Agent 管理系统的核心，其功能定义来自于 FIPA 规范 SC00023J，具体实现由 JADE 平台提供。

（4）Agent 平台所管理的谈判 Agent 为业务逻辑层的智能谈判模块提供服务。业务逻辑层从功能上划分为两大模块，即智能谈判模块和谈判支持模块。其中，谈判支持部分是一个遗留系统，包括了为网上谈判进行过程支持的各个功能模块。按照 J2EE 体系结构理论，整个业务逻辑层部署在 EJB 容器中，各个功能模块采用 EJB 技术加以实现。EJB 技术可为整个谈判系统提供数据持久化和事务管理，并能保证良好的安全性、稳定性。

（5）表现层采用 JSP、Servlet、HTML 等技术在用户的浏览器上动态生成 Web 页面，以达到系统与用户交互的目的。这一层在 Web 容器上运行，其功能是在 HTTP 协议上对 Web 请求（Request）进行响应（Response）。

二、智能谈判系统运行流程

根据上面给出的智能谈判系统体系结构，整个系统必须有谈判过程方面的支持才能正常运行，如图 6–2 所示。

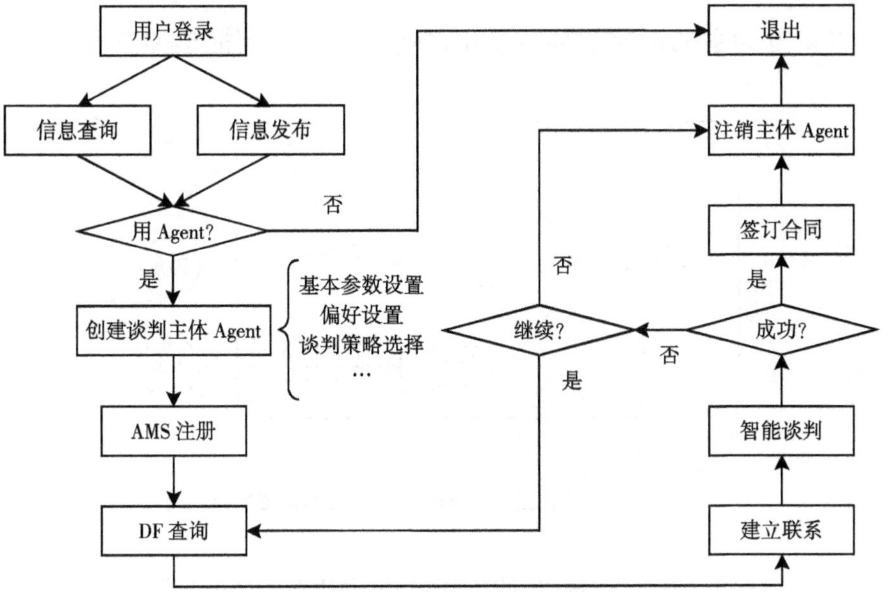

图 6–2　智能谈判系统工作流程

流程从用户登录系统开始，如果是买方，要进行商品信息查询；如果是卖方，要进行商品信息发布。然后，买卖双方都要选择是否进行智能谈判，如果不用谈判 Agent，则进入谈判支持流程；如果用户采用了谈判 Agent，则进入智能谈判流程。智能谈判流程从用户创建谈判 Agent 开始，这一步操作包括用户为谈判 Agent 进行基本参数设置、偏好设置、谈判策略选择等；创建好的谈判 Agent 在 Agent 管理系统 AMS 上登录；进而，买卖双方谈判 Agent 到目录服务器查询自己感兴趣的其他谈判 Agent，并与其建立联系，进行谈判 Agent 之间的智能谈判。如果谈判成功，则进入签订合同环节。最后在 Agent 管理系统中注销该谈判 Agent，结束整个谈判过程。如果谈判不成功，谈判 Agent 可选择继续进行其他谈判，重新返回目录服务器查询其他的谈判 Agent，也可选择终止谈判过程，退出系统。

三、Agent 功能结构设计

1. 谈判主体 Agent 之间的谈判模型框架

以卖方为主的谈判主体 Agent 之间的谈判模型框架如图 6–3 所示。

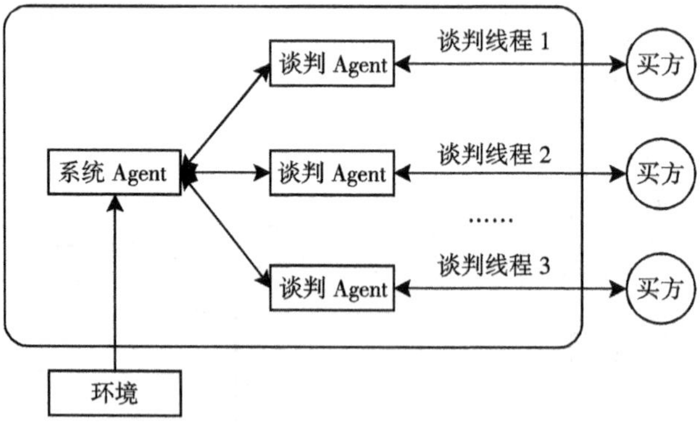

图 6–3　谈判主体 Agent 之间的谈判模型框架

（1）系统 Agent：负责处理系统环境提供的数据和参数，负责整个谈判过程的全局控制，对谈判 Agent 的各个谈判线程进行控制、协调，向各个谈判 Agent 传递全局信息。

（2）谈判 Agent：负责具体实施与客户的讨价还价，并确定本谈判线程的最终结果。接受系统 Agent 的控制和协调，使用全局参数和本线程的谈判进展参数确定本线程的谈判策略。

2. 谈判 Agent 设计

谈判 Agent 负责具体的与客户或其他 Agent 的讨价还价，它受到系统 Agent 的指导、控制和协调。谈判 Agent 根据其功能，分成通信模块、谈判行为控制模块、提议产生模块、策略模块、外部知识模块、内部知识模块和本地数据库，如图 6-4 所示。

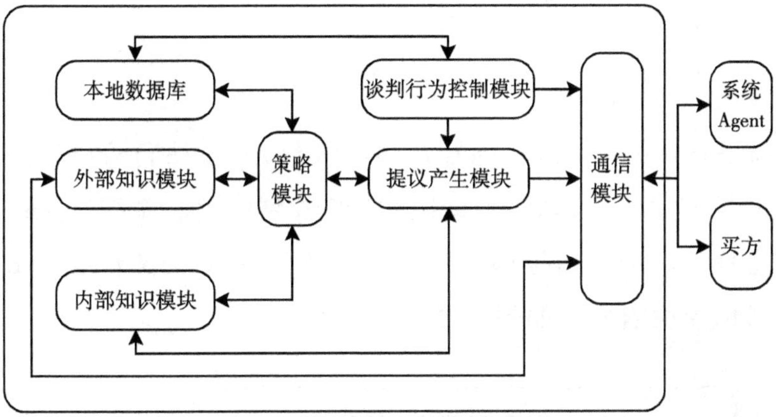

图 6-4 谈判 Agent 的功能结构

在谈判 Agent 的模块中，外部知识模块、内部知识模块分别存储了有关环境和其他 Agent 的知识以及 Agent 自身的知识。这两个模块和本地数据库构成了 Agent 的知识库。在外部知识模块中，这些知识具体包括关于谈判对手 Agent 信息的心智状态、过去谈判的交互历史、所处环境的状况、从系统 Agent 接收的全局数据等。在内部知识模块中，这些知识包括 Agent 自身策略集合、谈判产品的参数等，它在谈判 Agent 产生时就被赋予了内容，在谈判 Agent 谈判期间一般不需要同通信模块联系。本地数据库包含了本次谈判的双方报价谈判数据记录、谈判时间等。谈判行为控制模块是整个谈判 Agent 的控制核心，它具有复杂的内部结构，并且能够处理许多内容。其最为重要的功能就是能够根据谈判时接收到的对方报价、系统 Agent 信息和本地数据库的参数，来决定下一步的行动。

策略模块则利用本地数据库、外部知识模块、内部知识模块来决定谈判的策略，并能根据更新的信息产生动态的报价策略。提议产生模块则根据策略模块产生的谈判策略、产品特性参数来具体地确定报出的价格。通信模块是负责和其他 Agent 通信，主要是接收和解释从其他 Agent 那里送来的消息，并将消息传递给内部的相关模块。通信模块应能够检验消息的有效性，判断消息是否在传输过程中发生错误等。

3. 系统 Agent 设计

系统 Agent 负责协调、指导众多的谈判 Agent 进行价格谈判。它处于系统的控制中心，其控制作用大于其谈判作用。系统 Agent 由全局外部信息模块、商品数据库、谈判数据库、中央控制单元、线程协调模块和通信模块组成，如图 6-5 所示。

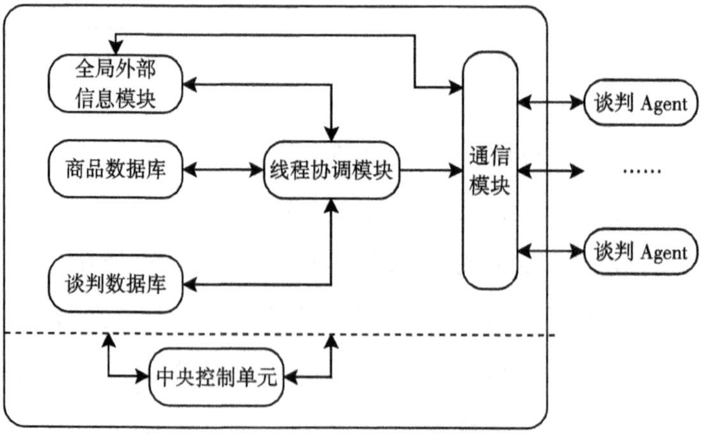

图 6-5 系统 Agent 的功能结构

在系统 Agent 中，全局外部信息模块、商品数据库、谈判数据库构成了系统 Agent 的知识库模块，其中全局外部信息模块实时记录整个系统的外部环境变量，包括在线所有有效谈判线程的数量、生灭情况、谈判的结果等信息；商品数据库记录了商品供应商提供的所有商品以及曾经从其他供应商处外购的商品的信息，包括商品的描述、商品价值参数、属性参数、成交价格数据等；谈判数据库记录了各个谈判线程谈判的历史信息，包括曾经运用的策略、报价轨迹、谈判结果等，另外还有对应的注册客户的谈判历史信息。

线程协调模块负责根据系统 Agent 的知识库，控制、协调各个谈判 Agent，通过全局外部信息模块实时地掌握整个系统的谈判情况信息。另外，它还要控制谈判 Agent 的产生。中央控制单元分析信息起动 Agent 操作，控制 Agent 内部各个模块间的协调。

通信模块仍然是负责与外界的消息传递任务。系统 Agent 主要是与其他的谈判 Agent 进行通信，接收 Agent 谈判后的数据，用来对内部的知识库进行更新；传递商品和用户的信息，指导谈判 Agent 的具体谈判。

第三节 电子商务多属性智能谈判系统模拟案例

谈判前，谈判准备阶段：

（1）客户初始登录系统，注册必要的信息，根据需要可查询供应信息和需求信息。如图 6-6 所示。

（2）准备智能谈判，构建谈判主体 Agent。明确谈判对象商品，如纺织品，可谈判的属性为颜色 Dc、用料 Dm、价格 Dp 和交货时间 Dd，设定谈判时间为 20 小时，轮次为 20 次。

（3）谈判主体 Agent 的谈判基本信息和偏好的设置，如图 6-7 所示。偏好信息可以通过系统提供偏好获取的方法获得。

（4）选取谈判协议。常见的是一对一的双方交互出价协议和并发

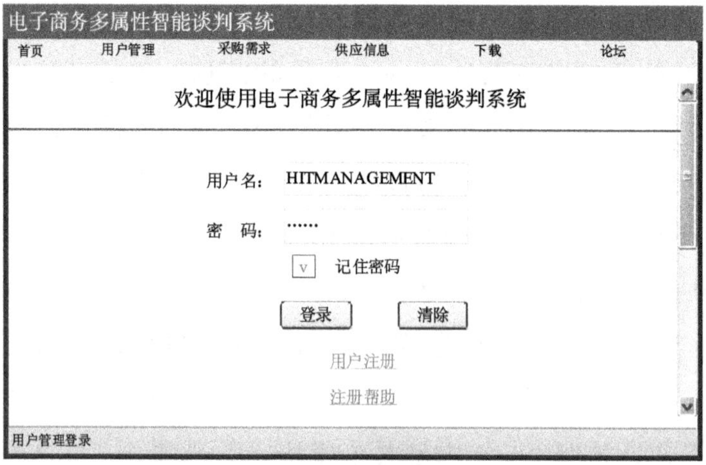

图 6–6　用户登录

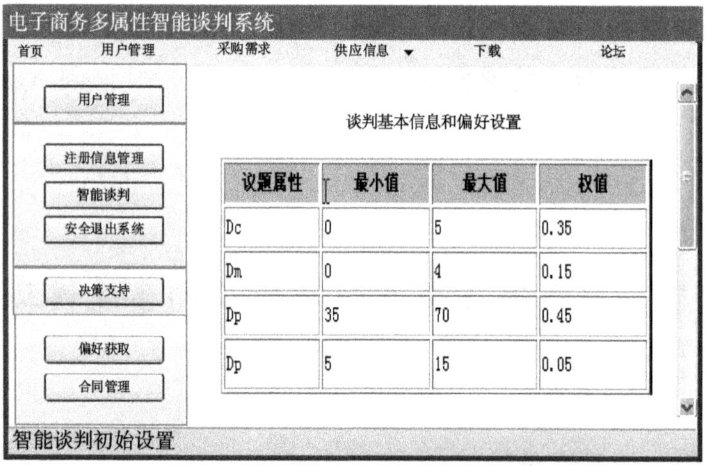

图 6–7　谈判基本信息和偏好的设定

谈判协议。假设选择并发协议。

（5）设定谈判的综合策略方案，可以是一个，也可以是多个，因为如果进行并发谈判，需要产生多个谈判线程 Agent，每个谈判线程 Agent 需要选择谈判策略方案。做出谈判线程 Agent 使用方案规划，如随机选择谈判策略方案，或按方案顺序选择和触发条件选择。

（6）AMS 注册，DF 查询，确定谈判对象，产生谈判线程 Agent 1。

智能谈判阶段：

（7）假设谈判线程 Agent b_1 是买方，选用了基于偏好的智能谈判策略，初始提议为（5，4，30，5）。对方卖方 Agents 1 也选用同样的策略，初始提议为（0，0，70，15）。买卖双方仅知道对方的序偏好，并且使用固定让步策略，每次让步整体效用为 0.05。谈判线程 Agent b_1 反提议为（5，4，34.444，5），对方卖方的还盘为（0，0，65，15），…，谈判结果如图 6–8 所示，全程交互的数据如表 6–1 所示。

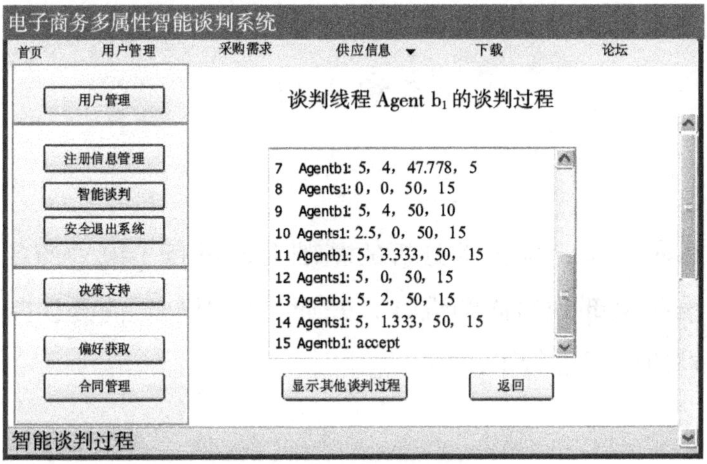

图 6–8　Agent b_1 的谈判过程

表 6–1　Agents 1 的谈判过程

t	买方 Agent b_1 提议	t	卖方 Agents 1 出价
1	5，4，34.444，5	2	0，0，65，15
3	5，4，38.889，5	4	0，0，60，15
5	5，4，43.333，5	6	0，0，55，15
7	5，4，47.778，5	8	0，0，50，15
9	5，4，50，10	10	2.5，0，50，15
11	5，3.333，50，15	12	5，0，50，15
13	5，2，50，15	14	5，1.333，50，15
15	5，1.333，50，15（accept）	16	

（8）假如这个谈判线程先获得双方满意提议，谈判线程 Agent b_1 向 Agents 1 发出预接受命令，给出标准化合同，向其他的卖方 Agents*

发出预拒绝命令。

(9) 谈判主体 Agent 收到了所有卖方 Agents* 的反提议，如果 Agents 1 返还的标准提议不差于先前的提议并且优于其他 Agents* 的反提议，谈判主体 Agent 确定 Agents 1 的提议为此次谈判的最终结果，智能谈判结束。

谈判后阶段：

(10) 合同处理等。

本章小结

本章在对系统开发技术分析的基础上，进行了电子商务多属性智能谈判系统各组部分的详细设计，并通过模拟电子商务谈判案例对前文研究成果的应用进行了说明。

参考文献

[1] M. Woodridge and N. R. Jennings. Intelligent Agents: Theory and Practice [J]. Knowledge Engineering Review, 1995, 2 (10): 115~152.

[2] Editorial. Business to Business Electronic Commerce Issues and Solutions [J]. Decision Support Systems, 2000, 29 (4): 301~304.

[3] Von Neumann J. and Morgenstern O. Theory of Games and Eco-nomic Behavior [M]. Princeton University, 1944.

[4] Nash J. F. The Bargaining Problem [J]. Econometrica, 1950, 18 (2): 155~162.

[5] Nash J. F. Two-Person Cooperative Games [J]. Econometrica, 1953, 21 (1): 128~140.

[6] Raiffa H. Arbitration Schemes for Generalied Two-Person Games. In Kuhn H., Tucher A. ed., Contribution to the Theory of Games [M]. Princeton University Press, 1953.

[7] Kalai E. Proportional Solutions to Bargaining Situations [J]. Econometrica, 1977, 43 (10): 1623~1630.

[8] Roth A. E. Proportional Solutions to the Bargaining Problem [J]. Econometrica, 1977, 47 (6): 795~778.

[9] Kalai E. Smorodinsky M. Other Solution to Nash's Bargaining Problem [J]. Econometrica, 1975, 43 (3): 513~518.

[10] Livne Z. A. Axiomatic Cha racterizations of the Raiffa and Kalai–Smonodinsky Solutions to the Bargaining Problem [J]. Operations Research, 1989, 37 (6): 972~980.

[11] Harsanyi J. C. Approaches to the Bargaining Problem Before and After the Theory of Games [J]. Econometrica, 1956, 24 (1): 144~157.

[12] Perter H. and Damme E. V. Characterizing the Nash and Raiffa Bargaining Solutions by Disagreement Point Axioms [J]. Math. Operations Research, 1991, 16 (2): 447~461.

[13] Livee Z. The Bargaining Problem [J]. Economics Letters, 1986, 21 (1): 131~134.

[14] Shelling T. C. An Essay on Bargaining [J]. American Economic Review, 1956, 6 (2): 281~306.

[15] Chun Y. and Thomson W. Bargaining with Uncertain Disagreement Points [J]. Econometrica, 1990, 58 (5): 951~959.

[16] Raiffa J. The Art and Science of Negotiation [M]. Harvard University Press, 1982.

[17] Gupta S. and Livne Z. A. Resolving a Conflict Situation with a Reference Outcome [J]. Management Science, 1988, 34 (11): 1303~1314.

[18] Harsanyi J. Games with Incomplete Information Played by Bayesian Players Parts Ⅰ–Ⅲ [J]. Management Science, 1968 (14): 159~182, 320~340, 486~502.

[19] Myerson R. Incentive Compatibility and the Bargaining Problem [J]. Econometrica, 1979, 47 (1): 61~73.

[20] Hurwicz L. On Informationally Decentralized Systems. In Rachner R., McGuire Bed. Decision and Organization [C]. North–Hotland Press, 1972.

[21] Myerson R. Two-Person Bargaining Problems with Incomplete Information [J]. Econometria, 1984, 52 (2): 461~487.

[22] Crawford B. P. A Theory of Disagreement in Bargaining [J]. Econometrica, 1982, 50 (2): 607~637.

[23] Zeuthen F. Problems of Monopoly and Economic Welfare [M]. London: Routledge and Keyan Paul, 1930.

[24] Luce R. D. and Raiffa H. Games and Decision [M]. New York: Wiley, 1957.

[25] Rubinstein A. A Bargaining Model with Incomplete Information About Time Preferences [J]. Econometrica, 1985, 53 (5): 1151~1172.

[26] Selten. R. Re-examination of the Perfectness Concept for Equilibrium Points in Extensive Games [J]. International Journal of Game Theory, 1975 (4): 25~55.

[27] Kreps D. and R. Wilson. Sequential Equilibrium [J]. Econometrica, 1982 (50): 863~94.

[28] Ausubel L. M and Deneckere R. J. A direct Mechanism Characterization of Sequential Bargaining with One-Sided Incomplete Information [J]. Journal of Economic Theory, 1989, 48: 18~46.

[29] Ausubel L. M. and Deneckere R. J. Reputation in Bargaining and Durable Goods Monopoly [J]. Econometrica, 1989 (57): 511~532.

[30] Fudenberg D., Levine D. and Tirole J. Infinite-Horizon Models of Bargaining with One-Sided Incomplete Information. in Roth A. E. ed., Game Theoretic Models of Bargaining [M]. Cambridge: Cambridge University Press, 1985.

[31] Grossman S. J. and Perry M. Sequential Bargaining Under Asymmetric Information [J]. Journal of Economic Theory, 1986 (39): 120~154.

［32］ Admati A. R. and Perry M. Strategic Delay in Bargaining［J］. Review of Economic Studies，1987（54）：345~364.

［33］ Bikhchandani S. A Sequential Bargaining Model with Incomplete Information［J］. Review of Economic Studies，1992（59）：187~203.

［34］ Peper C. Cramton Dynamic Bargaining with Transaction Costs［J］. Management Science，1991（37）：1221~1233.

［35］ Peper C. Cramton Strategic Delay in Bargaining with Two-Sided Uncertainty［J］. Review of Economic Studies，1992（59）：205~225.

［36］ Roth A. E.，Murnighan J. K. and Schoumaker F. The Deadline Effect in Bargaining：Some Experimental Evidence［J］. America Economic Review，1988（78）：806~823.

［37］ Williams G. R. Legal Negotiations and Settlement［M］. West Publishing，St. Paul，MN，1983.

［38］ Spier K. E. The Dynamics of Pretrial Negotiation［J］. Rev. Econ. Stud. 1992（59）：93~108.

［39］ Slonim R. and Roth A. E. Learning in High Stakes Ultimatum Games：An Experiment in the Slovak Republic［J］. Econometrica，1998（66）：569~596.

［40］ Bolton G. and Ockenfels A. ERC：A Theory of Equity，Reciprocity，and Competition［J］. America Economic Review，2000（90）：166~193.

［41］ Cooper D. J.，Feltovich N.，Roth A. E. et al. Relative Versus Absolute Speed of Adjustment in Strategic Environments：Responder Behavior in Ultimatum Games［M］. Experimental Economics，In Press. 2003：181~127.

［42］ Gneezy U. and Haruvy Roth A. Bargaining Under a Deadline：Evidence from the Reverse Ultimatum Game［J］. Games and Economic

Behavior, 2003 (45): 347~368.

[43] Sutter M., Kocher M. and Straub S. Bargaining Under Time Pressure in an Experimental Ultimatum Game [J]. Economics Letters, 2003 (81): 341~347.

[44] Mosterd I and Rutte C. Effects of Time Pressure and Account-ability to Constituents on Negotiation [J]. The International Journal of Con-flict Management, 2000 (11): 227~247.

[45] Gilliland S. W. and Schmitt N. Information Redundancy and Decision Behavior: A Process Training Investigation [J]. Organizational Behavior and Human Decision Processes, 1993 (54): 157~180.

[46] Weenig M. W. H. and Maarleveld M. The Impact of Time Con-straint on Information Search Strategies in Complex Choice Tasks [J]. Jour-nal of Economic Psychology, 2002 (23): 689~702.

[47] Pauline M. Berry. Conflict Negotiation Among Personal Calen-darAgents [C]. Proceedings of the 5th International Joint Conference-Au-tonomous Agents and Multi Agent Systems, 2006, 5: 1467~1468.

[48] Bo An, Fred Douglis. Heuristics for Negotiation Schedules in Multi-Plan Optimization [C]. Proceedings of the 7th International Joint Conference-AutonomousAgents and Multi Agent Systems, 2008, 5: 551~558.

[49] Walton D. N. and Krabbe E. C. W. Commitment in Dialogure: Basic Concepts of Interpersonal Reasoning [M]. Sunny Press, Albany, NY, USA, 1995.

[50] N. R. Jennings, P. Faratin, A. R. Lomuscio, et al. Automated Negotiation: prospects, Methods and Challenges [J]. International Journal of Group Decision and Negotiation, 2001, 10 (2): 199~215.

[51] Rosenschein J. and Zlotkin G. Rules of Encounter: Designing

Conventions for Automated Negotiation Among Computers [M]. MIT Press, Cambridge, MA, 1994.

[52] Sandholm T. MultiAgent Systems: Modern Introduction to Distributed Artificial Intelligence, Chapter Distributed Rational Decision Making [M]. MIT Press, 1999.

[53] Winoto P., McCalla G. and Vassileva J. An Extended Alternating-Offers Bargaining Protocol for Automated Negotiation in Multi-Agent Systems [C]. In CoopIS 2002, Irvine, CA, 179~194.

[54] Smith R. G. The Contract Net Protocol: High Level Communication and Control in a Distributed Problem Solver [C]. IEEE Transactions on Computers, Series 1980, C-29 (12): 1104~1113.

[55] Sandhulm T.An Implementation of the Contract Net Protocol Based on Marginal Calculations [C]. In Eleventh National Conference on Articial Intelligence. 1993, 256~262.

[56] Sandholm T. and Lesser V. R. Advantages of a Leveled Commitment Contracting Protocol [C]. In AAAI, 1996, 126~133.

[57] Inverno M. and Luck M. Formalising the Contract Net as a Goal Directed System. In W. Van de Velde and J. W. Perram, Editors, Agents Breaking Away [C]. Proceedings of the Seventh European Workshop on Modelling Autonomous Agents in a Multi-Agent World, LNAI 1038, Springer, 1996, 72~85.

[58] Werner E. Cooperating Agents: A Unified Theory of Communication and Social Structure. In Distributed Artificial Intelligence [C]. II, M. Huhns and L. Gasser, eds., Kaufman and Pitman, London, 1989, 3~36.

[59] Fisher M. and Wooldridge M. Specifying and Executing Protocols for Cooperative Action. In S. M. Deen, Editor, CKBS-94.Proceedings of the Second In International Working Conference on Cooperating Knowl-

edge-Based Systems [C]. Springer-Verlag, 1994.

[60] Knabe T. Schillo M. and Fisher K. Improvements to the FIPA Contract Net Protocol for Performance Increase and Cascading Applications. In: Timm I. J. eds. Proceedings of the International Workshop on MultiA-gent Interoperability (MAI'02) [C]. Germany, 2002, 27~36.

[61] Xueguang Chen and Haigang Song. Further Extensions of FIPA CNP: Threshold Plus DoA [C]. Proceedings of the ACM Symposium on Applied Computing, Mar 14-17 2004, Nicosia, Cyprus, 2004, 45~51.

[62] P. Wurman, M. Wellman and W. Walsh. The Michigan Internet AuctionBot: A Configurable Auction Server for Human and Software A-gents, Proc. Second Int'lConf. Autonomous Agents [M]. ACM Press, New York, 1998.

[63] Sandholm T. eMediator: A Next Generation Electronic Com-merce Server, Proc. Nat'l Conf. Artificial Intelligence [M]. AAAI Press, Menlo Park, Calif., 1999.

[64] Faratin P., Sierra C. and Jennings N. R. Negotiation Decision Functions for Autonomous Agents [J]. Int. Journal of Robotics and Au-tonomous Systems, 1998, 24 (3-4): 159~182.

[65] Faratin P., Sierra C., and Jennings N. R. et al. Designing Re-sponsive and Deliberative Automated Negotiators, Proc. AAAI Workshop on Negotiation: Settling Conflicts and Identifying Opportunities [C]. Or-lando, FL, 1999, 12~18.

[66] Faratin P., Sierra C., and Jennings N. R. Using Similarity Cri-teria to Make Negotiation Trade-Offs, Proc. 4th Int. Conf on Multi-A-gentSystems [C]. Boston, USA, 2000, 119~126.

[67] Sierra C., Faratin P. and Jennings N. R. A Service-Oriented Negotiation Model Between Autonomous Agents, Proc. 8th European

Workshop on Modeling Autonomous Agents in a Multi-Agent World [C]. Ronneby, Sweden, 1997, 17~35.

[68] Reyhan Aydogan. Content-Oriented Composite Service Negotiation with Complex Preferences [C]. Proceedings of the 7th International Joint Conference, 2008, 4: 1725~1726.

[69] Sycara K. P. Persuasive Argumentation in Negotiation [J]. Theory and Decision, 1990 (28): 203~242.

[70] Sycara K. P. and Lewis C. M. Modeling Group Decision and Negotiation in Concurrent Product Design [J]. Systems Automation Research and Applications, 1991, 1 (3).

[71] Kraus S., Nirkhe M. and Sycara K. Reaching Agreements Through Argumentation: A Logical Model (Preliminary Report) [C]. DAI Workshop'93, Ensylvania, USA, 1993, 233~247.

[72] Kraus S., Sycara K. and Amir E. Reaching Agreements Through Argumentation: A Logical Model and Implementation [J]. Artificial Intelligence, 1998 (104): 1~69.

[73] Kraus S. and Lehmann D. Designing and Building a Negotiating Automated Agent [J]. Computational Intelligence, 1995, 11 (1): 132~171.

[74] Sierra, Jennings N. R., Noriega P. et al. A Framework for Argumentation-Based Negotiation [C]. Proc. 4th Int. Workshop on Agent Theories, Architectures and Languages, Rode Island, USA, 1997, 177~192.

[75] Amgoud L., Parsons S. and Maudet N. Arguments, Dialogue and Negotiation [C]. Proceedings of the 14th European Conference on Artificial Intelligence, Berlin, Germany, 2000, 338~342.

[76] Parsons S. and Jennings N. R. Negotiation Through Argumenta-

tion—A Preliminary Report [C]. Proc. 2nd Int. Conf. on Multi-Agent Systems, Kyoto, Japan, 1996, 267~274.

[77] Parsons S., Sierra C. and Jennings N. R.Agents That Reason and Negotiate by Arguing [J]. Journal of Logic and Computation, 1998, 8 (3): 261~292.

[78] Sabater J., Sierra C., Parsons S. et al. Using Multi-Context Systems to Engineer Executable Agents [C]. Proc. 6th Int. Workshop on AgentTheories Architectures and Languages, Orlando, FL., 1999, 131~148.

[79] Chiaki Sakama. Negotiation by Induction [C]. Proceedings of the 7th International Joint Conference, 2008, 4: 1459~1462.

[80] Koen Hindriks, Dmytro Tykhonov. Opponent Modelling in Automated Multi-Issue Negotiation Using Bayesian Learning [C]. Proceedings of the 7th International Joint Conference, 2008, 4: 331~338.

[81] Michael Krainin, Bo An, Victor Lesser. An Application of Automated Negotiation to Distributed Task Allocation [C]. Proceedings of the 2007 IEEE/WIC/ACM International Conference-Intelligent Agent Technology, 2007 (3): 138~145.

[82] Bing Shi, Xianping Tao, Jian Lu. Rewards-Based Negotiation for Providing Context Information [C]. Proceedings of the 4th International Workshop -Middleware for Pervasive and Ad -Hoc Computing (MPAC 2006), 2006 (11): 63~71.

[83] Kersten G. E. Supporting Problem Representations in Decisions with Strategic Interactions [J]. European Journal of Operational Research, 1990, 46 (2): 200~215.

[84] Teich J. E. and Walleninus. Advances in Negotiation Science[J]. Transactions in Operational Resrearch, 1994, 34 (3): 345~351.

[85] Kersten G. E. and Mallory G. R. Rational Inefficient Compromises in Negotiations [J]. Journal of Multi –Criteria Decision Ananlysis, 1999, 8 (2): 106~112.

[86] Anson R. G. A Development Framework for Computer–Supported Conflict Resolution [J]. European Journal of Operational Research, 1990, 46 (2): 181~199.

[87] K. Robert Lai, Menq–Wen Lin, Bo–Rue Kao. Scheduling Via Agent Negotiation a Fuzzy Constraint–Based Approach [C]. Proceedings of the 6th Conference–WSEAS International Conference on Applied Computer Science, 2007, 7: 37~42.

[88] Xiaoqin Zhang, Victor Lesser. Meta –Level Coordination for Solving Negotiation Chains in Semi–Cooperative Multi–Agent Systems [C]. Proceedings of the 6th International Joint Conference–Autonomous Agents and MultiAgent Systems, 2007, 5: 50~57.

[89] Zaynab Raeesy. Towards a Fuzzy–Based Model for Human–Like Multi –Agent Negotiation [C]. Proceedings of the 2007 IEEE/WIC/ACM International Conference–Intelligent Agent Technology, 2007, 11: 515~519.

[90] D. Kahneman. A Tversky, Choices, Values, and Frames [J]. American Psychologist, 1984 (39): 341~350.

[91] Jakub Brzostowski, Ryszard Kowalczyk. Adaptive Negotiation with On–Line Prediction of Opponent Behaviour inAgent–Based Negotiations [C]. Proceedings of the IEEE/WIC/ACM International Conference–Intelligent Agent Technology, 2006, 11: 263~269.

[92] D. Kahneman. A Tversky, Prospect Theory: An Analysis of Decision Under Risk [J]. Econometica, 1979 (47): 23~29.

[93] Darke P. R., Freeman J. L. and Chaiken S. Percentatge Dis–

count, Initial Price, and Bargain Hunting: A Heristic-Systematic Appoach to Price Search Behavior [J]. Journal of Applied Psychology, 1995, 80 (5): 580~586.

[94] Ting-Peng Liang, Her-Sen Doong. Effects of Bargaining in Electronic Commerce [J]. International Journal of Electronic Commerce, spring 2000.

[95] Shaheen S. Fatima, Michael Wooldridge, Nicholas R. Jennings. Approximate and Online Multi-Issue Negotiation [C]. Proceedings of the 6th International Joint Conference-Autonomous Agents and Multiagent Systems, 2007, 5: 1~8.

[96] Fu-ren Lin, Kuang-yi Chang. A MultiAgentFramework for Automated Online Bargaining [J]. IEEE Intelligent Systems, 2001, 16 (4): 41~47.

[97] Bo An, Victor Lesser. Decommitment in Multi-Resource Negotiation [C]. Proceedings of the 7th International Joint Conference-Autonomous Agents and Multi-Agent Systems, 2008, 5: 1553~1556.

[98] Zhuang Yan, Simon Fong. A Model of B2B Negotiation Using Knowledge [C]. Proceedings of the IEEE/WIC/ACM International Conference-Web Intelligence, 2007, 5: 829~832.

[99] Chavez A., P. Maes P. Kasbah: Goods, Proc. First Int'l Conf. Practical Application of Intelligent Agents and Multi-Agent Technology (PAAM'96) [M]. The Practical Application Company, Blackpool, UK, 1996.

[100] Guttman R. H., Maes P.Agent-Mediated Integrative Negotiation for Retail Electronic Commerce, Proc. Workshop on Agent Mediated Electronic Trading (AMET'98) [M]. Springer-Verlag, Berlin, 1998.

[101] Pieter Dijkstra, Henry Prakken, Kees de Vey Mestdagh. An

Implementation of Norm-Based Agent Negotiation [C]. Proceedings of the 11th International Conference-Artificial Intelligence and Law, 2007, 6: 167~175.

[102] Usunier J. C. An Open Electronic Bargaining System [C]. Working Paper, IUMI, 2002.

[103] Collins J., Youngdahl B., Jamison S. et al. A Market Architecture for Multi-Agent Contracting [C]. In Proc. of the Second Int'l Conf. on Autonomous Agents, 1998, 285~292.

[104] Mavetera, Nehemiah, Kadyamatimba, Armstrong. A Comprehensive Agent-Mediated E-Market Framework [C]. Proceedings of the ACM Conference on Electronic Commerce, 2003 (5): 158~163.

[105] Sun Ying, Weld D. S. Automated BargainingAgents (Preliminary Results), Technical Report UW-CSE-95-01-04, Department of Computer Science and Engineering [C]. University of Washington, 1995.

[106] Dajun Zeng, Sycara K. Bayesian Learning in Negotiation, Int. J. Human-Computer Studies [J]. 1998, 48: 125~141.

[107] Sandholm T. and Vulkan N. Bargaining with Deadlines, In AAAI-99 [C]. Orlando, FL, 1999, 44~51.

[108] Larson K. and Sandholm T. An Alternating Offers Bargaining Model for Computationally Limited Agents, AAMAS'02 [C]. Bolgna, Italy, 2002.

[109] Fatima S., Wooldridge M. J., and Jennings N. R. Optimal Negotiation Strategies for Agents with Incomplete Information [C]. In J-J. Meyer and M. Tambe, Editors, Intelligent Agent Series VIII: Proc. 8th Intern. Workshop on Agent Theories, Architectures, and Languages, 2001.

[110] Rahwah I. Intelligent Agents for Automated One-to Many e-Commerce Negotiation, ACSC2002 [C]. Melbourne, Australia, 2002,

197~203.

[111] Nguyen T. D., Jennings N. R. Concurent Bilateral Negotiation in Agent Systems [C]. Proceedings of the 14th International Workshop on Database and Expert Systems Applications, 2003.

[112] Hu Qinyou, Hu Qiaoer, Shi Chaojian. A Negotiation Frame-work for Automatic Collision Avoidance Between Vessels [C]. Proceedings of the IEEE/WIC/ACM International Conference-Intelligent Agent Technol-ogy, 2006, 11: 595~601.

[113] Miniar Hemaissia, Amal El Fallah, Christophe Labreuche. A Multilateral Multi-Issue Negotiation Protocol [C]. Proceedings of the 6th International Joint Conference-Autonomous Agents and Multi-Agent Sys-tems. 2007, 5: 943~950.

[114] Bo An, Victor Lesser, Kwang Mong Sim. Decommitment in Multi-Resource Negotiation [C]. Proceedings of the 7th International Joint Conference, 2008, 4: 1553~1556.

[115] R. H. Guttman, A. G. Moukas and P. Maes. Agent-Mediated Electronic Commerce: A Survey [J]. Knowledge Engineering Review, 1998, 13 (2): 147~159.

[116] Rahwan Iyad, McBumey Peter, Sonenberg Liz. Towards a Theory of Negotiation Strategy [EB]. http: //www.dis.unimelb.edu.au/staff/lizs/ibn/indexes files/docs/gtdt2003.pdf.

[117] M. A. Young. Rational Games: A Philosophy of Business Negotiation from Practical Reason [M]. USA: Quorum Books, Westport, CT, USA, 2001.

[118] Kraus S. Beliefs. Time and Incomplete Information in Multiple Encounter Negotiations Among Autonomous Agents [J]. Annals of Mathe-matics and Artificial Intelligence, 1997, 20 (1-4): 111~159.

[119] Ting-Jung Yu, K. Robert Lai. A Fuzzy Constraint-Based Agent Negotiation with Opponent Learning [C]. Proceedings of the 6th Conference -WSEAS International Conference on Applied Computer Science. 2007, 7: 31~36.

[120] Kalai E. Negotiation Dynamics: Analysis, Concession Tactics, and Outcomes [C]. Proceedings of the 2007 IEEE/WIC/ACM International Conference-Intelligent Agent Technology. 2007, 3: 427~433.

[121] Philippe Pasquier, Iyad Rahwan, Frank Dignum. An Empirical Study of Interest-Based Negotiation [C]. Proceedings of the Ninth International Conference-Electronic Commerce, 2007, 8: 339~348.

[122] Jakub Brzostowski, Ryszard Kowalczyk. Negotiation Partners Selection Mechanism Based on Context -Dependent Similarity Relations [C]. Proceedings of the 6th International Joint Conference-Autonomous Agents and Multi-Agent Systems. 2007, 5: 1~3.

[123] C. Fershtman. The Importance of the Agenda in Bargaining [J]. Games and Economic Behavior, 1990, 2: 224~238.

[124] C. J. Weinberger. Selective Acceptance and Inefficiency in a Two-Issue Complete Information Bargaining Game [J]. Games and Economic Behavior, 2000, 31: 262~293.

[125] S. Fatima, M. Wooldridge and N.R. Jennings. Optimal Agendas for Multi-Issue Negotiation [C]. Proc. 2nd Int. Joint Conf. on Autonomous Agents and Multi-AgentSystems, Melbourne, Australia, 2003, 129~136.

[126] S.S. Fatima, M. Wooldridge and N.R. Jennings. Multi-Issue Negotiation with Deadlines [J]. Journal of AI Research. 2006, 27, 381~417.

[127] K. Robert Lai, Chung Hsien Lan, Bo-Rue Kao. Morgenstern, O. Application of Agent Negotiation in Supporting Constructive Learning

[C]. Proceedings of the 6th Conference-WSEAS International Conference on Applied Computer Science, 2007, 7: 332~337.

[128] Aamdt A and Plaza E. Case Based Reasoning: Foundational Issues, Methodological Variations, and System Approaches [J]. AI communications, 1994, 7 (1): 39~59.

[129] Kolodner, J. L. Making the Implicit Explicit: Clarifying the Principles of Case-Based Reasoning, In: Case-Based Reasoning: Experiences, Lessons, & Future Directions [M]. MIT Press, 1996.

[130] Iyad Rahwan, Ryszard Kowalczyk and Ha Hai Pham. IntelligentAgents for Automated One-to-Many E-Commerce Negotiation [C]. In CRPITS'02: Proceedings of the Twenty-Fifth Australasian Conference on Computer Science, Pages 197-204. Australian Computer Society, Inc., 2002.

[131] Jim Gray. Notes on Data Base Operating Systems. In R. Bayer, R. M. Graham, and G. Seegmuller. Editors, Operating Systems, An Advanced Course [C]. Springer-Verlag: London, UK, 1978: 393~481.

[132] Hiromitsu Hattori, Mark Klein, Takayuki Ito. A Multi-Phase Protocol for Negotiation with Interdependent Issues [C]. Proceedings of the 2007 IEEE/WIC/ACM International Conference-Intelligent Agent Technology, 2007, 3: 153~159.

[133] S. Aknine, S. Pinson and M. F. Shakun. An Extended Multi-Agent Negotiation Protocol [J]. International Journal on Autonomous Agents and Multi-AgentSystems, 2004.

[134] Yan He, Miaoliang Zhu. A Complete and Efficient Strategy Based on Petri Net in Automated Trust Negotiation [C]. Proceedings of the 2nd International Conference, 2007, 8: 1~7.

[135] Rost S. Cost, Ye Chen, Tim Finin, Yannis Labroun and Yun

Peng. Using Colored Petri Nets for Conversation Modeling. In Frank Dignum and Mark Greaves, Editors, Issues in Agent Communication [C]. Springer-Verlag: Heidelberg, Germany, 2000: 178~192.

[136] M. Wooldridge, G. Weib, P. Cancarini. Agent Oriented Software Engineering II [C]. Proceedings of the Second International Workshop of AOSE, LNCS 2222, Springer-Verlag, 2002.

[137] Fisher, M.A survey of Concurrent Metate M-The Language and its Applications. Temporal Logic-Proceedings of the 1st International Conference (eds D.M.Gabbay and H.J.Ohlbach) [C]. LNAI. Springer, Berlin, 1994, 827: 480~505.

[138] Genesereth M. R. and Katchpel S. P. Software Agents [J]. Communication of the ACM, 1994, 37 (7): 48~53.

[139] Jeon, H., Petrie, C. and Cutkosky, M. R. Jatlite: A Java Agent Infrastructure with Message Routing [J]. IEEE Internet Computing, 2000, 4 (2): 87~96.

[140] Nwana, H. S., D. T. Ndumu, L. C. Lee and J. C. Collis. ZEUS: A Tool-Kit for Building Distributed Multi-Agent Systems [J]. Applied Artifical Intelligence Journal, 1999, 13 (1): 129~186.

[141] Poggi, A. and Rimassa, G. Adding Extensible Synchronization Capabilities to the Agent Model of a FIPA-Compliant Agent Platform. InAgent-Oriented Software Engineering-Proceedings of First International Workshop AOSE-2000 [C]. LNCS (1957), Springer, Berlin, 2001: 307~322.

[142] DrewFudenberg, Jean Tirole. 博弈论 [M].黄涛，郭凯，龚鹏等译. 北京：中国人民大学出版社，2002.

[143] Wooldridge M. 多主体系统引论 [M]. 石纯一等译. 北京：电子工业出版社，2003：91~114.

[144] 张艳艳，王淑萍，林江平. 电子商务在对外经贸中的应用[J]. 市场论坛，2008 (2)：41~42.

[145] 林挺. 商务公司的电子智能谈判技术 [J]. 商业现代化，2008 (4)：3~4.

[146] 王先甲. 协商理论方法的综述（上）[J]. 管理科学学报，1998，1 (1)：80~86.

[147] 张维迎. 博弈论与信息经济学 [M]. 上海：上海人民出版社，2003.

[148] 苏安洋，张江，林华等. 电子商务中的 Agent 虚拟协商与智能决策 [J]. 中国工程科学，2003，5 (10)：56~62.

[149] 曹大军. 基于多 Agent 的分布式电子市场体系及其关键技术研究 [D]. 上海交通大学博士学位论文，2002.

[150] 丁伟. 面向电子商务的谈判支持系统研究 [D]. 哈尔滨工业大学博士学位论文，2001.

[151] 王全胜. 电子商务原理 [M]. 北京：北京大学出版社，2002.

[152] 卢润德. 商务谈判 [M]. 重庆：重庆大学出版社，2003.

[153] 周晓探. 商务谈判理论与实践 [M]. 北京：知识产权出版社、中国水利水电出版社，2004.

[154] [美] Luger George F.人工智能——复杂问题求解的结构和策略 [M]. 史忠植等译. 北京：机械工业出版社，2004.

[155] 王永庆. 人工智能原理和方法 [M]. 西安：西安交通大学出版社，2003.

[156] 靳蕃. 神经计算智能基础 [M]. 成都：西南交通大学出版社，2000.

[157] 杨大地. 实用数值分析 [M]. 重庆：重庆大学出版社，2000.

[158] 史忠植. 知识发现 [M]. 北京：清华大学出版社，2002.

[159] 杨善林，倪志伟. 机器学习与智能决策支持系统［M］. 北京：科学出版社，2004.

[160] 李旗号，赵卫东，杜雪寒. 一种基于案例的医疗诊断支持系统［J］. 计算机工程与应用，2000，6（36）：173~176.

[161] 李锋，冯珊. 基于人工神经网络的案例检索与案例维护［J］. 系统工程与电子技术，2004，26（8）：1053~1056.

[162] 李建洋，倪志伟，刘慧婷. 多层前馈神经网络在基于案例推理的应用［J］. 计算机应用，2005（11）：2650~2652.

[163] 王建成，王学军，杨文亮. 基于 CBR-ANN 的自行火炮故障诊断系统［J］. 火炮发射与控制学报，2007（9）：62~65.

[164] 毛新军. 面向主体的软件开发［M］. 北京：清华大学出版社，2005.